ゴルフは突然うまくなる

佐久間 馨《SAKUMA KAORU》

練習しないで劇的に上達する「NLPゴルフ」のすすめ

現代書林

まえがき

ゴルフについて書かれた本は、それこそ無数にあります。初めてクラブを握るビギナーから、シングルを目指す人まで、対象もさまざまです。

本書の内容は、ゴルフをやるすべての人に役立ちます。

高校や大学のゴルフ部に入って、ゴルフをやろうと思っている人。

ゴルフを始めたばかりのビギナー。

10年とか20年以上ゴルフをやりながら、なかなか上達できない人。

定年を迎えたらゴルフでも楽しもうかと考えている人。

80を切りたいのになかなか切れない人。

クラブのコンペではいいところまでいくのに、優勝経験のない人。

優勝争いに加わったことのないプロ。

実力はあるのに、なぜか試合で結果が出せないプロ。

なぜ、本書ではここまで幅広いゴルファーが対象になるのでしょう。それは次の3つのポイントが理由です。

①自分で「上達の可能性の壁」をつくっている

本書をじっくり読めば、アマチュアでもプロでも、これまで自分の希望がかなえられなかった理由が明確につかめます。それが自分では見えなかった「上達の可能性の壁」です。「なぜ自分は思うようなゴルフができなかったのか」ということの原因がわかり、ゴルフが劇的な変化を遂げます。

②ゴルフが「望むレベル」にまで達することは可能である

ゴルフの可能性は、「あなたのアイデンティティ」が決めます。アイデンティティを高くすれば、上達のための情報・環境・能力がついてきます。情報・環境・能力がついてくれば、望むレベルに達することは難しくありません。上級者を一気に抜くことが可能です。

③「プレーしていない時間」に着目する

ゴルフの1ショットに費やす時間はたかだか5～10秒です。それに対し、コースにいる時間は4～5時間にもなり、ショットに要する合計時間は、その10％もありません。しかし、ほとんどすべてのレッスン書は、どうスウィングするかに説明を割きます。実は、ゴルフというゲームは、ショットしていない時間をどう使うかによって大きく左右されるゲームなのです。本書の特徴は、「プレーしていない時間」への注目です。その時間であなたが何をどう考え、次のショットにどう対応していくかが、次のプレーの決め手になるのです。本書では、ＮＬＰ理論を応用し、「プレーしていない時間」をどう次のナイスプレーに効果的につなげていくかが解説してあります。ここに、「ＮＬＰゴルフ」と命名したいきさつがあります。

ＮＬＰ理論をゴルフに応用した本書も、分類上はゴルフレッスン書の範疇に入るでしょう。しかし、今挙げたような３つの特性から、世界でも例を見ない画期的なレッスン書、あなたのゴルフを劇的に変えるレッスン書になったと自負しています。

私はゴルフ科学研究所を主宰し、ゴルフの研究を行っています。20代半ばにハンデが0になり、現在のハンデはプラス３・１です。身長は１６８センチ、筋骨隆々タイプではありませんし、今では50も過ぎてお腹も出てきています。それでもドライバーは２７０ヤードは飛びますし、いろいろな試合で活躍できています。

私が初めてゴルフがうまくなりたいと思ったのは、中学生の頃でした。父に連れられ、東京よみうりカントリークラブで開催されたゴルフ日本シリーズを見に行ったときです。

当時も今も、その風景は変わりません。ギャラリーロープが張られ、プレーヤーはフェアウエーや足場のよいロープの内側を歩きます。ギャラリーが歩くのはロープの外側。林や傾斜地、足場の悪いところを足をすべらせながら、クタクタになって歩かなければなりません。

ティーショットが終わると、セカンドショットを見ようとギャラリーは急いで次の打点に向かいます。やっとセカンドの場所に到着すると、プレーヤーはもうショットを終えています。お金を払うギャラリーが見たいプレーを見られず、お金をもらうプロがどんどんプレーを進めていきます。

「こんな失礼な世界はない。プレーを見たいギャラリーが集まってからセカンドを打つべきじゃないか」

そんな中で、こんな感想を持ったことを今でも覚えています。そのとき、私の耳にこんな一言が聞こえてきました。

「ギャラリーロープの内側でやったら気持ちいいだろうなぁ」

このギャラリーの一言が私の中に残りました。

「いつか、あの中を歩いてやろう」

まだゴルフクラブを握ったこともなかった私でしたが、こんなことを思ったものです。

クラブを初めて握ったのは、昭和49年11月、18歳のときです。父の勤めの関係者でラウンドが組まれていたのですが、当日の朝、たまたま1人が参加できなくなり、急遽、私がピンチヒッターに呼ばれたのです。

ゴルフウェアもなければ、シューズもありません。当然、自分のクラブはありませんから、父親の古いクラブを借り、カビの生えた父の古いキャディバッグに詰め込んで同行しました。

「ドライバーなど、こんな長いものを振ってうまくいくはずはない」と、パター以外は全部7番アイアンで回った記憶があります。

その後、大学でロケット工学を学び、卒業後は機械エンジニアとして就職しました。そのかたわら、28歳くらいのときからアマチュアとして関東オープン、よこはまオープンなどに出場することができました。

関東オープンやよこはまオープンに出場するようになったと聞くと、猛練習したのだろうと思われるかもしれませんが、その間、練習はほとんどしていませんでした。

練習しなかった理由は、2つあります。1つは、学生や就職して早々の人間に練習場に通い続けるだけの余裕がなかったことです。もう1つは、「スポーツやゲームには2種類の上達方法がある」と考えたからです。

たとえば、野球のダブルプレーです。ショートがボールをつかんだら、そのスピードに合わせてセカンドが二塁ベースに入り、一塁に送球してダブルプレーが完成します。これは練習量がものをいうでしょう。

バレーボールのコンビネーション攻撃なども、猛練習が必要でしょう。ブロックを避けながら、「あそこにトスを上げるからスパイクを打て」といったアイコンタクトでコンビネーション攻撃を成功させるためには、絶対的な練習量が必要になります。

しかし、「ゴルフは、わけもわからず猛練習をしても上達はしない」と、私は考えました。練習をする前に私が何をしたかといえば、「スウィングの研究」です。

野球選手には、いろいろな体格、体型の選手がいます。しかし、私は「一流といわれるバッターには共通の何かがある」と考え、その共通点を探りました。

発見した一流バッターの共通点――。それは、バットの動きです。ボールをとらえるとき、一流バッターは同じようなとらえ方をしているのです。

「ゴルフも、クラブとボールの衝突だ。野球の一流バッターのバットの動きのままゴルフクラブを動かせば、理想的なスウィングになる」

私は、そう考えたのです。違う言葉で表現すれば、「クラブの動きはどうあるべきか。それがどんな動きであれば、理想的なスウィングになるのか」を研究したのです。

そのとき役立ってくれた知識が、大学で学んだロケット工学でした。ボールとクラブの関係を地球とロケットの関係になぞらえることで、ゴルフのスウィングの何たるかをつかむことができました。

私が開発した理想的なゴルフスウィングは、実は、私たち人間に生まれつき備わっている潜在能力を生かせばよいものでした。その潜在能力を生かせば、無理なく自然に、理想的なスウィングができます。しかし、潜在能力を殺してしまうために無理なスウィングになり、ゴルフがなかなか上達しないのです。

開発した理想的な打法を、私は「合理的なスウィング」と名づけました。「スウィングのストラクチャー」といえるものです。

左足下がりや左足上がりのときはこう打てとか、ラフやバンカーのときはこう打てといった状況対応別のスウィングのコンテンツではありません。

それらをすべて覚えるとなると、これはもう気が遠くなるほど大変な作業です。コースによって出会う状況は違う上、その日その日のコンディションでも違います。まったく同じ状況にボールが置かれていることなど、生涯にわたってゴルフをやっても、まずないといえるでしょう。

さらに、仮に状況別のスウィングのコンテンツを全部覚えたとしても、スウィングの本質、つまりスウィングのストラクチャーができていなければ無意味です。

また、肩が回っているかとか、体重移動はどうだとか、脇は締まっているかといったフォームの話でもありません。

たとえば「グリップエンドとお腹はこぶし2つぐらい離して……」といったことなど、お腹が出ているかいないかによって話はまったく違うものになります。

機械のエンジニアとして20年のサラリーマン生活を送った後、私は、目黒区柿の木坂に「ゴルフ科学研究所」を創立しました。そして、その研究所での会員の方との研究を通じ、さらに講演や執筆などで、多くの方に私の研究の成果である「合理的なスウィング」を提供してきました。

「１５０ヤードだった飛距離が２００ヤードになった」

「２００ヤードだったのが２５０ヤード出るようになった」

「方向がぐんと正確になった」

「ダフらないようになった」

「打ちたいフックやスライスが自在に打てるようになった」

「ゴルフの前日やスタート前の練習がいらなくなった」

この打法を身につけた方からは、いろいろな声をいただきました。原因が明確につかめ、直すべきポイントがはっきりしたからです。

ただし、理想的なスウィングを理解し、身につけることができても、どんな状況でもそのスウィングが再現できるとは限りません。ゴルフではメンタル的な要素がとくに大きく、心の微妙な動き、精神的な動揺などがせっかくのスウィングに影響を及ぼします。その結果がスコアに直接響くほか、ひいてはゴルフ上達を阻む壁になってしまうのです。

ゴルフを始めたとき以来、私はメンタル面でも多くのことを考え、実践してきました。当初から、私には、「メンタルは強化できない。メンタルはコントロールするもの」という考えがありました。そうした考えで、ゴルフのメンタル面を考えていたとき、ＮＬＰ（Neuro Linguistic Programming ＝神経言語プログラミング）と出会ったのです。

ＮＬＰは、１９７０年代に、アメリカのリチャード・バンドラーとジョン・グリンダーが心理学と言語学をもとに体系化した、人間のコミュニケーションに関する新しい学問です。創始者のバンドラーとグリンダーは、当時アメリカで非常にすぐれた3人の天才セラピスト（心理療法家）、ゲシュタルト療法のフリッツ・パールズ、家族療法のバージニア・サティア、そして催眠療法のミルトン・エリクソンの治療を研究し、それをモデル化してＮＬＰを創りました。

人間は、「神経」＝五感（視覚・聴覚・味覚・嗅覚・触運動覚）と、「言語／非言語」による脳での意味づけにより、世界を認識したり、体験を記憶したりしています。また、私たちは「神経」と「言語／非言語」で他人とコミュニケーションを取り、自分自身ともコミュニケートしています。脳に格納されている過去の言葉を取り出し、検証し、現実を判断しているのです。

いい換えると、神経と言語によって、私たちの行動はプログラミングされているわけです。そして、そのプログラミング通りに反応し、行動しているといわれます。

ＮＬＰは、そのプログラミングの構造を科学的なアプローチも交えて学問的に明らかにしました。さらに、それを組み立て直す（リプログラム）ことで、実践的なコミュニケーションモデルを開発してきました。

ゴルフは、自己対話のゲームです。そこでは神経と言語を使い、自分とのコミュニケーションをどう取り、どうイメージし、どう次のプレーを起こすかが重要なポイントになります。

昔も今も、ゴルフでは「メンタル強化」がよくいわれます。しかし、ゴルフに必要なメンタル面は強化したり、鍛えられるものではありません。

言葉やイメージで行っている自分とのコミュニケーションを、有効な言葉とイメージでどうコントロールしていくか――。

これこそ、ゴルフに必要なメンタル面のサポートです。

その領域は、まさにＮＬＰ理論の専門領域です。そこに着目した画期的なゴルフ理論こそ、「ＮＬＰゴルフ」です。「ＮＬＰゴルフ」は、メンタルのコントロールスキルです。「ゴルフを楽しみながら、飛躍的に上達するスキル」ともいえます。

ＮＬＰが扱う領域は多岐にわたっています。「ＮＬＰゴルフ」ではゴルフに活用できるＮＬＰのスキルだけを扱っていますが、すでに多くのゴルファーのゴルフが劇的に変わっています。

本書で紹介する「ＮＬＰゴルフ」により、あなたもこれまでのゴルフの壁をブレークスルーし、新しいゴルフの世界と醍醐味を楽しまれることを切に願っています。

２００７年９月

著者

第1章 ゴルフの呪いを解く！

あなたは、たくさん練習しないと上達できないと考えていませんか？

第2章

うまくなると決める！

あなたは、自分のゴルフはこんなものだとあきらめていませんか？

第3章 肯定イメージで打つ！

あなたは、行きたくない場所を意識してショットしていませんか？

第4章 ミスショットも喜ぶ！

あなたは、前に起きたトラブルを悔やんでラウンドしていませんか？

第5章 プレッシャーと話す！

あなたは、メンタルが弱いから緊張するのだと思っていませんか？

第1章

ゴルフの呪いを解く!

あなたは、
たくさん練習しないと
上達できないと
考えていませんか?

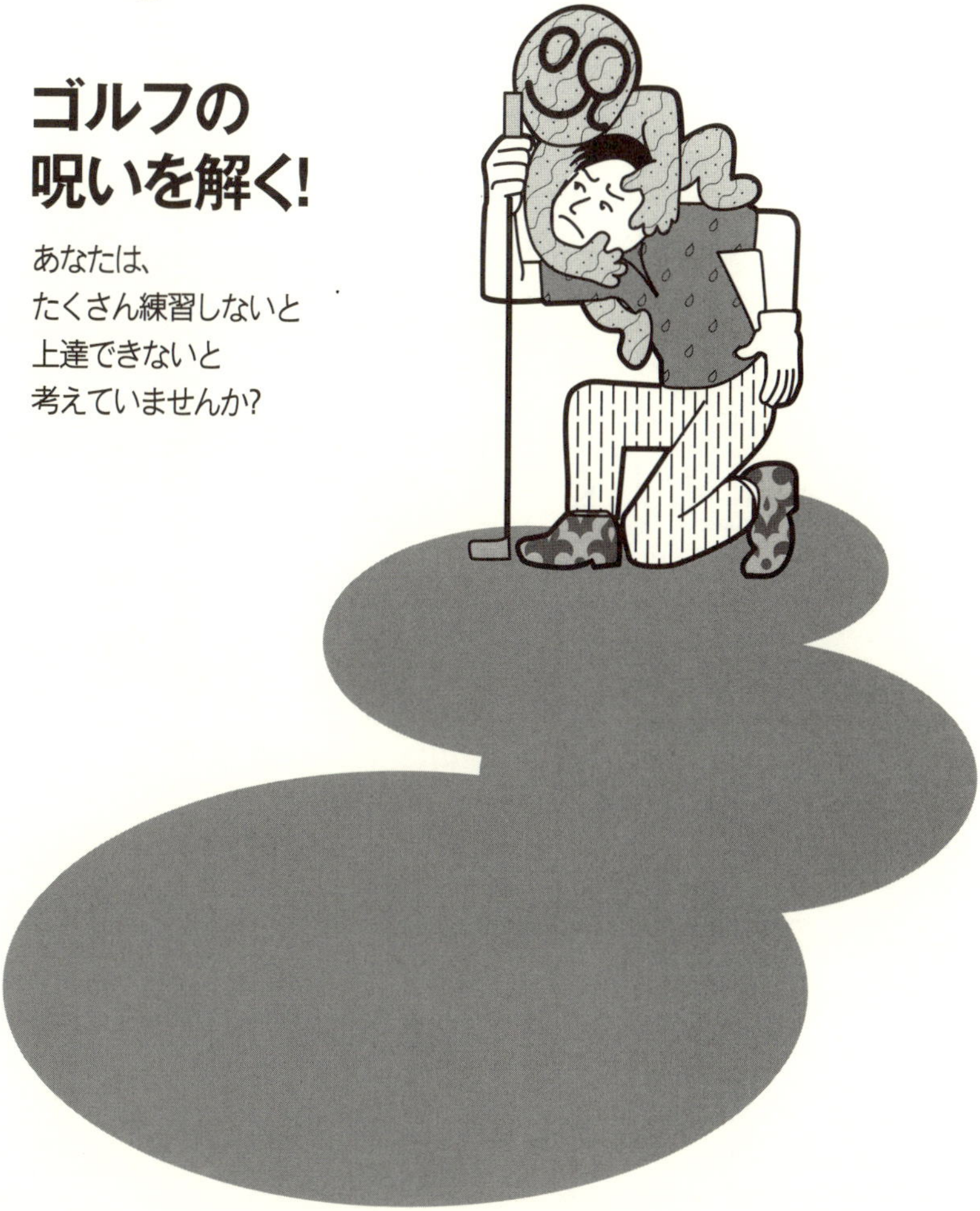

呪い

1

ゴルフの上達には時間とお金がかかる

ゴルフ科学研究所の会員は、バラエティに富んでいます。シングル・プレーヤーもいれば、シングルを目指すプレーヤーも、１００が切れるかどうかというサラリーマンゴルファーもいます。新たに会員になられた方に、私たちは目標スコアを聞かせていただくことにしています。

「私の目標は90で回ることです」

この方のベストスコアをうかがうと、82だったりします。なぜ90で回ることが目標になるかといえば、最近は91～98のラウンドが多いからです。

「私の目標は80で回ることです」

こういわれる方の場合、ベストスコアが78なのに、最近は82～85しか出ないことが理由だったりします。

この話、奇妙な感じがしませんか?　ベストスコアが82であれば、少なくとも81、ベストスコアが78なら77で回ることが目標スコアになってもいいからです。

　では、**あなたの目標スコアはいくつでしょうか？**　自己ベストや最近のスコアを離れ、できることなら、夢でもいいとすれば、あなたはどんなゴルファー像を理想とされるでしょうか？

「夢でもいいなら、『パープレーをする』が私の理想のゴルファー像です」

　もしそう思われるなら、パープレーを目標にすることです。80台を目標にすることも、パープレーを目標にすることも同じです。パープレーを目標にしたからといっても、特別な負担が新たに生じるわけではありません。

　平均ストロークが90台、80台であれば、パープレーはすぐに手が届きます。

　まず、「パープレーをする」と決めることです。次に、そう決めたあなたがするべきことは、ゴルファーの「呪い」から解放されることです。

　ゴルフには、上達を阻む数多くの「呪い」があります。中でも最も多くの人がかかっている呪いこそ、「ゴルフは難しい。上達には時間とお金がかかる」です。

「ゴルフをうまくなることを急《せ》いてはいけない。なぜなら、ゴルフは一生かかって楽しむものだから」

　これはスコットランドのゴルフ格言ですが、この格言をつくった人は、一生うまくなれなかった人でしょう。確かに、なかなかうまくなれない自分を楽しむことも、ゴルフの1

つの楽しみ方でしょう。

しかし、もう1つの楽しみ方もあります。それは早くうまくなり、良いスコアを出し続ける楽しみ方です。私の周りには、50歳や60歳になっていても、時間とお金をかけずにさっさとゴルフがうまくなった人がたくさんいます。一気にスコアを10〜15も縮めた人もいます。

「シングルになるまで、どれくらいの時間がかかりますか?」

講演会などでは、こんな質問もよく受けます。ただ漫然と練習している場合、シングルになるまでの時間は人それぞれで、シングルになれない人のほうが多いと思います。しかし、**「シングルになる」と決めてから、シングルになるまでの時間には大きな個人差はありません。**

短期間で、時間とお金をかけずにシングルになった人の秘密を明かせば、本章でお話するゴルファーの呪いにとらわれなくなったことです。そして、最初に忘れるべき呪いこそ、「上達には時間とお金がかかる」です。ゴルフがうまくなるためには、あなたもこの呪いからまず自由になることです。

呪い 2
ゴルフは段階的にステップアップして上達する

「ゴルフは難しい。だから、段階的にステップアップしていくもの」とか、「段階的にステップアップしなければならない」と信じ込んでいるゴルファーも多いものです。これも、代表的なゴルファーの呪いです。

「まず安定して１００が切れるようになること。安定して１００が切れるようになったら、次の目標を90台前半に置いて、それから80台に……」

もしあなたがこの段階的ステップアップを信じているとすれば、真の上級者には決してなれません。まして、70台やパープレーは夢のまた夢になってしまうでしょう。

一見すると、この「段階的発展」は理にかなっているように見えます。というのは、日本人には何事も段階的に積み上げていく発展が正しいと考える傾向があるからです。

たとえば、数学です。数学の勉強は、数字の数え方から始まり、足し算・引き算、一次方程式、連立方程式、三角関数、微分・積分と徐々にステップアップし、高度な数学の世界に進みます。英語でも、英単語を覚え、次第に難しい構文に進みます。

社会人になってからも、右も左もわからない新入社員時代を経て、企業カルチャーを身につけ、社内的な地位も上がり、経験を積み重ねることで難しい仕事がこなせたり、トラブル処理ができたりしたでしょう。

これらの世界では、前の経験という下敷きの上に経験を積み重ねて上達したり、高度な知識を獲得したり、難しい問題を解決していきます。人生において、難問を解くためにそうした段階的成長やステップアップが重要なことは間違いありませんが、物事の上達には２つの世界があります。

第一の世界は、経験の積み重ねがものをいう世界＝段階的ステップアップが可能であり、そのステップアップが有効な世界です。

第二の世界は、経験の積み重ねが必ずしも有効に機能しない世界＝段階的ステップアップが実を結ぶとは限らない世界です。

そしてここが重要なポイントですが、**ゴルフは第二の世界**なのです。

たとえば、ここに初めてクラブを握るＡさんと30年ゴルフをやっているＢさんがいます。２人とも、３メートルの下りのパットを残しています。

段階的ステップアップ論が正しいとすれば、Ａさんのパットは入らず、Ｂさんのパットはカップインするのが当然です。何しろ、Ｂさんの場合、こうしたパットは何百回も経験しているはずだからです。

しかし、実際はどうでしょう。Ａさんのパットは見事にカップに吸い込まれたのに対し、Ｂさんが外すという現実が起こります。

「Ａさんは才能があるから……」

いえ、才能ではありません。ビギナーズラックでもありません。Ａさんのパットは入るように打たれたのに対し、Ｂさんのパットは外れるように打たれただけのことです。

「ゴルフは難しいから、段階的ステップアップが必要」という考えは錯覚です。真実はまったく逆で、**「段階的ステップアップが必要と考えるから、ゴルフが難しくなる」**のです。

たとえば、２００７年のマンシングウェアオープンＫＢＳカップで優勝した石川遼君などは、多くの皆さんよりゴルフ歴が短いのではないでしょうか。そんな彼がツアーで優勝できてしまうほど、ゴルフは突然うまくなるものなのです。

呪い 3 ゴルフは繰り返し練習するほどうまくなれる

練習すればするほど、上達する……。先の段階的ステップアップ論から、ほとんどのゴルファーがこう信じ込んでいます。

「ゴルフをやる限り、練習場に通って打ち続けることが必要」という考えに何の疑問も抱かないゴルファーも少なくありません。だから、20～30年もゴルフをやっているのに、来週の日曜日にコンペがあると、今週末には練習場に行って何百発も打ったり、コンペ前日にも、「明日に備えて練習を……」と練習場に足を運んだりします。

そうしたゴルファーの頭の中には、「練習場があってゴルフがある」という意識、「ゴルフ上達には繰り返しの練習が必要。そのために練習場がある」といった意識、つまりゴルフの上達と練習量がリンクした形で刷り込まれているわけです。これも呪いの1つです。

「練習量と上達度合いとは比例しない。ゴルフ練習場は自動車の運転教習所と同じようなもの」

これが私の考えです。あなたが自動車の運転免許を持っているとして、免許を取るまでは教習所で学科を勉強し、運転を練習したはずです。では、免許を取った後、あなたは自動車教習所で運転の練習をしていますか？

若葉マークであっても、車の運転に必要な最低限の知識と技術だけは持っています。免許を取った後は自動車教習所に行かず、日常生活の中で運転技術を磨いたはずです。

初めてゴルフクラブを握るときは、握り方がわかりません。スウィングもわかりません。しかし、練習場で、ある程度の時間、練習するとそんなことはすぐに理解できますし、身にもつきます。ゴルフに必要な最低限の知識と技術はもう持っているのです。

自動車教習所と同じように、**ゴルフ練習場というのは卒業する場所**です。ゴルフ練習場の本来の姿は、ゴルフのニューカマーを育てる場所であり、スウィングがわかったら卒業していく場所なのです。

何十年もやっていながら、「こういうときはどうするのか?」と、練習場で頭を振って悩んでいる人がいます。そうした姿は、練習場の使い方を誤解しているとしか思えません。

かといって、「絶対に行くな」というわけではありません。

たとえば、コンペの予定が入っていたのに、大雨や雪でクローズになってゴルフが流れたり、あるいは何か月もコースに出ていないといった場合、練習場でナイスショットを打つ、あるいはフックやスライスを打ったりしに行くことはいいかもしれません。

私がいいたいのは、ゴルフと練習場、さらに上達と練習量は関係がないということなのです。

つけ加えると、練習場でいくらいいボールが打てても意味がありません。

練習場の打席はフラットです。コースでこうした状況が望めるのは、ティーショットだけです。あとは、つま先上がりやつま先下がり、足場の悪いバンカーやラフからのショットが待ち受けています。

練習場のフラットでティーアップした状態の打席から良いボールが打てても、いざコースでそうしたショットが打てるのは18回だけです。仮にあなたが平均90で回っているとすると、残りの72回はまったく違う状況からのショットになります。練習場のフラットな打席でいくら良いボールが打てても、これで練習場と同じショットをコースで期待するほうが無理というものです。

呪い 4
ゴルフはプロに教わればうまくなる

なかなか思うように上達しないからと、プロについてレッスンを受けるアマチュアも少なくありません。心の奥底には、「プロのレッスンを受ければ、必ずうまくなれるはず」という大きな期待があります。なにせ、相手はプロなのですから。

しかし、これもゴルファーの呪いの1つです。残念ですが、プロのレッスンを受ければうまくなるとは限りません。

ゴルフには、アマチュアゴルファーのほとんどが気づいていないポイントがあります。そのポイントは、ゴルフの上達に非常に重要なポイントです。実は、**ゴルフスウィングには、無意識（潜在意識）でやっている部分がかなり多くある**のです。

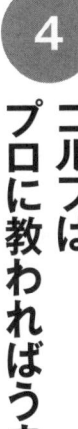

「ゴルフスウィングは、何か意識をしながら振るもの」

あなたはこう思っていないでしょうか？　これは大いなる錯覚です。上達するためには、この錯覚から早く脱出することです。

「現代の名工」と呼ばれる技術の熟練者がいます。さまざまな分野で卓越した技術を持つ熟練者ですが、そうした熟練者が持っている技術や知識は、「暗黙値」と呼ばれます。

暗黙値と反対の概念が「形式値」で、暗黙値は「データ化したり、言葉にしたりできない知識」です。わかりやすくいえば「勘の世界」、自分の感覚だけが頼りの技術や知識で、伝えようとしてもなかなか伝えられるものではありません。

プロゴルファーは、ゴルフの暗黙値を無意識に獲得した人たちにほかなりません。ただ何十年もかけてではなく、非常に凝縮された時間の中でゴルフの暗黙値を身につけた人たちなのです。

ゴルフのレッスンとは、そうした暗黙値の世界、無意識（潜在意識）の世界、フィーリングの世界を言葉で説明しようとする行為です。暗黙値を形式値に変える行為は非常に難しい作業である上、言葉にした世界と、無意識に自分がやっている世界とは必ずしも一致しません。ここにゴルフレッスンの限界がある、と私は思っています。

「でも、プロは、『脇を締めて』とか『腰をひねって』とか、『テークバックはここまで上げて』『○○を意識して』『こんな感じで』といったレッスンをしてくれますけど……」

確かに、プロはそうしたレッスンをするでしょう。しかし、実際にプレーするとき、プロはいちいちそんなことを意識していません。意識しなくても、自分の体が自然にそう動くようになっています。ただし、アマチュアにレッスンするときは、そうした表現を使う

てくびのかえし
こしのひねり

しか説明の方法がないのです。

「○○プロのレッスンを受けて、かえってヘタになった」

プロのレッスンを受けたアマチュアの中には、こんなことをいう人もいます。また、それを聞いた人が「そうか、プロのレッスンを受けてもうまくなれないのなら、受けるだけお金と時間のムダ」と考えたりします。

誤解していただきたくないことは、私は決して「レッスンはすべてムダ」といっているわけではありません。うまくなるためのレッスンであれば、うまくなるレッスンを受けることです。プロであるかどうかを問わず、**ゴルフスウィングには無意識の占める大きな世界があることに気づき、その世界を言葉に翻訳する方法論を獲得した人に学ぶ**ことです。

そしてもう1つ、「プロに教えてもらっている。だから、うまくなれるはず」とか、「きちんと教えてもらえばうまくなれる」とは、絶対に考えないことです。「うまくなれる」のではなく、「うまくなる」が正しい姿です。うまくなるのはあなた自身ですし、「自分でできるようになること」がうまくなった本質でもあるからです。

呪い 5 プロのスウィングを研究すればうまくなる

現代は映像技術が進んでいます。ゴルフの上達を願う人のほとんどは、テレビなり、ビデオの映像なりでプロのスウィングを勉強しているはずです。そのとき、スウィングを細かく見ようとスローで再生しながら、解説を聞いていることでしょう。

「その通りにやれば、自分もプロのようなスウィングができる」

目で見ているだけでなく、分解写真のように、同じようなスタンスで立ち、同じような膝の送りや肩の回し方を真似しているかもしれません。

これも、ゴルファーが陥りやすい代表的な呪いです。**スロー再生の映像を見ながらのスウィング研究は、実は「自分がやるべきことではなく、起きていること」**をなぞることになってしまうのです。

たとえば、野球です。ゴロを捕った内野手は、ステップを踏んで一塁に送球します。このとき内野手の頭の中に何が起きているでしょうか？　実は、何も起きていません。

ボールを捕ってから、左足を何度の角度で前に出し、体から何センチ何ミリの離れたところに足をつけ、体をこうひねり、手首をこう返し、一塁に送球するなどと考えているわけではありません。その瞬間にやっている一連の動作、自分がやるべきことは無意識で自然に行っています。

プロのスウィングをビデオでスロー再生し、「膝が曲がりすぎているから直さないと」などと真似ることでも同じことがいえます。プロのスウィングの真似は、「自分でやるべきこと」ではなく、「起きていること」を頭で1から10まで意識的にやろうとする行為になってしまうのです。

何かをするときは、下半身でも上半身でも、動かすべきところが自然に動いたり、作用します。**ゴルフをまったくやったことのない人でも、ある程度の年齢に達していれば、体の中にゴルフに必要な関節や筋肉の連鎖運動はインプットされている**のです。

ゴルフのスウィングは、頭で覚えるものではありません。ゴルフのスウィングに関する限り、改めて何々をこうしなさいとか、こうしなければならないといった要素はありません。スウィングとは、アドレスからテークバック、それにインパクトまで、体の関節と筋肉の自然な連鎖運動で必要なスピードが生まれ、自然に運ぶものなのです。

呪い 6
運動神経がないとゴルフは上達しない

上達しない理由に、「生まれつき運動神経がなくて……」という人がいます。

「運動神経がなければゴルフは上達しない」

「ゴルフがうまい人は、運動神経が発達した人」

これらも、いかにもまことしやかで、もっともらしい理屈ですが、実は裏づけのないゴルファーの「呪い」です。

そこで、あなたに1つ質問をさせていただきます。

「あなたは、運動神経という神経組織なり、神経細胞を見たことがありますか?」

あなたは、運動神経を絶対に見たことはないはずです。抜歯をされた経験のある方なら、歯を抜くときに、麻酔をかけて歯の神経を抜きます。神経を抜いた後、歯科医が「これがあなたの歯の神経ですよ」と、白く細い神経を見せられたこともあるでしょう。

しかし、どれほどゴルフのうまい人を解剖しても、「出てきた、出てきた。ゴルフがうまいだけあって太い運動神経だ」といった運動神経はないのです。運動神経には「神経」

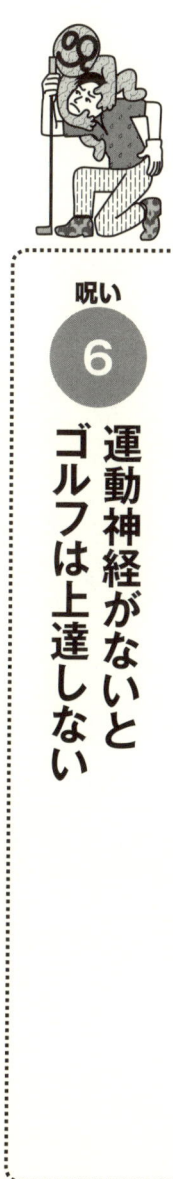

という言葉がついていますが、それは錯覚なのです。

スポーツではよく運動神経が取り上げられますが、**運動神経とは、あくまで小脳の中に蓄えられたそれぞれの関節や筋肉の動きのプログラム**に過ぎません。ゴルフが上達しない人の中には、過去にそうした運動に慣れていなかったことはあったにしても、決して運動神経が鈍いわけではないのです。

驚かれるかもしれませんが、日常生活が普通に送れていれば、そこにスウィングに必要な動きの90%は含まれています。**スウィングの動きは、日常生活で何なくこなしているいろいろな動作の延長線上にあります。**言葉を換えれば、あなたの中には、「完璧なスウィング」の90%が眠っていることになるのです。

しかも、ゴルフのスウィングには筋肉の強さも関係ありません。ゴルフの上達と、１００メートルを10秒台で走ることとはまったく違うのです。

「しかしなぁ、これまでの自分のゴルフを思うと、自信がないな……」

「自信さえつけばできるようになると思うけど……」

もしあなたがこういわれるとすれば、それは「外からきっかけが与えられること」を求める言葉です。ハッキリいって、外から与えられるきっかけで自信がつくことなど誰にもありません。

とはいえ、ゴルフのスウィングに必要な動きはあります。それも特殊なものではなく、グリップなどわずかなことがらだけです。グリップにしても、やっと箸を握ることを覚えた子供のような形でクラブを握る人はいないでしょうから、これもごく自然に握ればよいだけのことです。

医者には、ゴルフのうまい人が多くいます。その理由として、私は、医者は人間の体の構造と機能を熟知しているからだと考えています。

人間には運動神経と呼ばれるような神経はないこと、ゴルフのすごい才能がある人間などいないこと、人間の運動機能は筋肉と関節の動きであること、そして、その動きのプログラムは小脳に蓄えられていること……などなどをよく知っているのです。

あなたは、日常を不自由なく過ごしているはずです。そうであれば、無理な動きを伴うスウィング、ぎこちないスウィングのほうがむしろおかしいのです。あなたがもし無理な動きを伴うスウィングをしているとすれば、小脳の中に、そうした無理なスウィングがプログラミングされていると考えたほうが正解です。

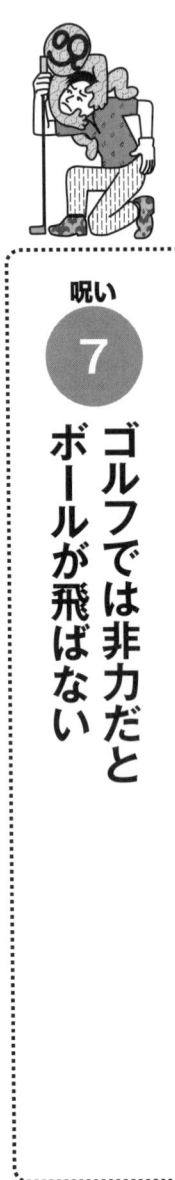

呪い

7

ゴルフでは非力だとボールが飛ばない

海外のゴルフ大会をテレビで見ると、飛ばし屋といわれる選手は、大きくてたくましく、重そうなクラブを思いっきり振って、ボールを遠くまで飛ばしているように見えます。ところが、重いクラブを振ることとボールを遠くに飛ばすことは、一見すると似たような行為に見えますが、そこには大きな隔たりがあるのです。ここを錯覚したゴルファーは、次のような呪いにとらわれます。

「ゴルフでも飛ばすには力が必要。筋肉がないから、非力だから、私は飛ばない」

この呪いにとらわれるのは、まず女性です。また年配の男性も、「昔は飛んだのに。年のせいで筋力が落ちた」と、飛ばない理由を筋力の低下にしたがります。

確かに、ゴルフでも筋肉は必要です。しかし、それは立つ、クラブを握る、スウィングのバランスを取るなどのために必要な筋肉です。ゴルフでは、筋肉は積極的に使わないほうが飛距離が出るのです。

ゴルフボールは、たかだか40数グラムです。そのボールを飛ばすために必要なものは、筋肉や体力ではありません。体の大きさでもありません。

身体が小さくてもよく飛ばす人がいます。女子プロを見ればそのことがよくわかるはずです。たとえば、宮里藍の身長は１５５センチほどしかありません。その彼女のドライバーの飛距離は、一般の男性をはるかに上回るでしょう。

なぜ、体の小さい宮里藍が飛ぶのでしょう？

理由は、彼女には力がないからです。自分には力がないことを知っていて、飛ばそうと一生懸命に頑張らないから、彼女のほうが飛んでしまうのです。

飛ばないというあなたは、ダウンスウィングやテークバックのときに、飛ばそうと意識的に力を入れていませんか？　**テークバックとダウンスウィングで意識的に筋肉を使うことは、自動車でエンジンブレーキをかけているようなもの**です。スウィングのスピードが遅くなり、飛距離が出るはずはないのです。

ゴルフでは筋肉は使われるもので、使うものではありません。**力が抜ければ抜けるほど、筋肉を意識して使わないようになればなるほど、飛ぶようになります。**その状態ができれば、飛ばすために必要な条件が十分に生かされるからです。

これまでの経験から、力が抜けると、１５０ヤードしか飛ばなかった人が２００ヤードに、２００ヤードだった人が２５０ヤードも飛ぶようになります。

呪い 8

体が硬いと スウィングがうまくいかない

「どうもスウィングがうまくできません。体が硬いからでしょうか……」

こう質問するゴルファーも、驚くほど多くいます。そのとき私はこう答えます。

「硬いのは体ではなく、頭です。頭が固いから、スウィングがうまくできないのです」

何とも変な答えかもしれません。こういうと、相手の方は妙な顔をされるものです。

なぜスウィングがうまくできないかの理由は、ゴルフというゲームの本質的なところに関係します。ゴルフの本質……。それは止まっているボールを打つことです。

動いているボールを打つことと、止まっているボールを打つことと、どちらが難しいと思われるでしょうか?

誰でも、「動いているボールのほうが難しい」と答えられるでしょう。ゴルフは、止まっているボールを打ちます。動いているボールを打つことに比較すると、止まっているボールを打つことなど、本来ならやさしいはずです。スウィングも、無理なくできて当然です。では、なぜそれが難しいのでしょうか、あるいは難しいと感じるのでしょうか?

秘密は、人間が持っている動体視力にあります。さらに、その動体視力を使った体の反応という高い機能も関係してきます。

野球のピッチャーは、時速１５０キロもの剛速球を投げます。バッターはその剛速球を動体視力で瞬時に読み取り、バットをどれくらいのスピードでどの角度に振り出せば当たるのかを判断します。テニスでも、相手のサービスや際どいコースに飛ぶショットに瞬時に反応し、ボールが打てる位置まで走り込んで返球します。野球やテニスなどで発揮させるこうした能力は、人間が生まれながらに持つ高い能力ですし、後天的につけることもできます。

ゴルフで、止まっているボールとクラブの接触時間は1万分の5秒程度のものです。**野球やテニスでは、反射的に打つ能力が難しいボールを処理させてくれるのですが、ゴルフではその能力が使えません。**ここに、スウィングがうまくできない大きな理由があります。もう1つ、頭で考える時間がたっぷりあることも原因します。アドレスしたとき、あなたは、どんなことを考えているでしょうか？

たとえば、「肘を曲げてはいけない」「脇を開けてはいけない」「腰を開いてはいけない」「ボールから目を離してはいけない」「グリップを緩めてはいけない」といったことなどを考えてはいないでしょうか？

ゴルフのスウィングは、人間の自然な体の動きと連動した無意識の自然な動きです。人間はそうした能力を本来持っており、その能力を使えばゴルフのスウィングは楽にできて当然なのです。

そこに「～してはいけない」といった動作はありませんが、時間があるばかりに、「～してはいけない」を反芻《はんすう》してしまいます。その反芻から不安や恐怖が起こり、その結果として筋肉が緊張して体が硬くなり、無意識で自然な体の動きが封じ込められてしまうのです。無意識の自然な動きが封じ込められたスウィング……。それはぎこちないスウィング、うまくいかないスウィングになるしかありません。

実は「体が硬いからスウィングが……」とこぼす人は、「～してはいけない」が頭の中に凝り固まっている人です。だから、最初に紹介したように、「硬いのは体ではなく、あなたの頭です」というのです。

一度、頭の中から「～してはいけない」を追い払って、体の自然な動きに任せてスウィングしてみてはどうでしょう？　きっと楽でスムーズなスウィングに驚かれるでしょう。

呪い 9
メンタルが弱いから ゴルフがうまくいかない

練習場ではいいボールが出るのに、コースではそのボールが出ない。あるいは、コースに出ると同伴者の視線が気になってドキドキしてしまい、普段着のプレーができないといった悩みを抱えるゴルファーは少なくありません。

講演会などでも、よくこのメンタルの質問が出るものです。

「私はメンタルが弱くて、コースに出るといつもプレッシャーに負けてしまいます。メンタルトレーニングでメンタルを鍛えようと思うのですが、何か良い方法はないのでしょうか?」

私の答えはこうです。

「メンタルトレーニングでメンタルを鍛えることはできません。『メンタル強化法』とか『メンタルタフネス』といった本をいくら読んでも、メンタル強化はできません」

コースでうまくいかないときの自分を思い出してください。心臓の鼓動がドキドキと高鳴ったり、体が硬くなっていたはずです。ドキドキしたり体が硬くなる現象は、交感神経が優位になったために起こる現象です。

私たち人間は、自律神経によって支配されています。自律神経には交感神経と副交感神経があり、この2つは交互に働いています。どちらかが優位になれば、片方は働きが抑えられるということです。

交感神経が優位になると、脈拍が上がり、視野が狭くなり、手や脇の下に汗をかき、筋肉が硬くなります。こうした現象は、私たちがまだ野生の頃、私たちの命を狙う野生動物と戦う態勢を整えるために自然に備わった現象です。

敵と戦うためには危険を察知し、恐怖心と戦わなければなりません。そのためアドレナリンが分泌されて末梢血管が収縮し、脈拍が上がって視野が狭くなり、小さなケガの出血を防ぎます。

同時に、内臓系の血液は大きな筋肉に回ります。血液が回ることで大きな筋肉が硬くなり、力をふるって戦うか、走って逃げるかの準備が整えられることになります。手や脇の下に汗をかくのは、木に登ったときの滑り止めと考えられています。

副交感神経が優位になると恐れと不安がなくなり、逆の現象が起こります。末梢血管が拡大して脈拍はおだやかになり、心臓の鼓動はゆっくりとなります。非常にリラックスした状態です。

練習場での状態は、ほとんどの人が副交感神経優位のリラックスした状態です。OBを心配する必要はありませんし、ボールは好きなだけ打てます。ただ、ひとたびギャラリーが後ろに立って見ていると意識した瞬間、交感神経が優位になって体が硬くなり、さっきまでのいいスウィングができなくなります。

コースでは、交感神経優位の状態が続いています。戦略を考える時間はたっぷりありますし、一緒に回るプレーヤーのスコアも気になります。OBやバンカー、池といった仕組まれた危険もはっきり意識されます。そこで心臓がドキドキ高鳴ったり、体が硬くなったりしてしまうのです。リラックスからどんどん遠ざかることになるのです。

ゴルフには、「練習場シングル」という言葉があります。相撲でいえば「稽古場横綱」、野球では「ブルペンエース」です。これらはみな副交感神経が優位であれば力が発揮できるのに、交感神経が優位になる本番では、プレッシャーから力が発揮できなくなる人たちです。

「では、本番では交感神経を抑え、副交感神経を優位にすればいいのでは……。それなら可能なのではないですか?」

残念ですが、交感神経や副交感神経は私たちがコントロールできません。意識でコントロールできないからこそ、自律神経と呼ばれているのです。

仮に、何かの方法でメンタル強化できたとしましょう。その境地はめでたく修行を完成し、怖いものが何もなく、何事にも心を惑わされない仙人のような境地でしょう。そんな境地に至れれば、ゴルフはうまくなるのでしょうか？

もしうまくなれたとして、心にさざ波の１つも立たないゴルフ、ハラハラドキドキのまったくないゴルフが楽しいでしょうか？　難しい局面で何も感じず、毎ホール、毎ラウンド、年がら年中ただ繰り返されるショットやパット。それは感動もなければ、喜びもないロボットのゴルフです。あなたは、そんなゴルフに楽しみを感じられますか？

怖いものは怖い、不安なことは不安……。

ゴルフとは、そうした思いを抱いてしまう自分と向き合いながら、怖さや不安をどう処理し、自分の実力をいかに発揮していくかというゲームです。ここにゴルフの面白み、妙味、醍醐味、真髄、充足感があるのです。

メンタル強化の本をいくら読んでも、メンタル強化はできません。必要なことは、メンタルをコントロールすることです。そして、「ＮＬＰゴルフ」はその有効な手法です。メンタルをうまくコントロールし、ゴルフの楽しみを増す方法なのです。

呪い 10
ゴルフの情報は多く集めるほうが役に立つ

現代は情報社会ですから、ゴルフでも情報が氾濫しています。ビジネスでは「必要な情報と不要な情報の取捨選択が重要」と理解している方でも、「情報を集めないと、ゴルフはうまくなれない」と、一生懸命に情報収集したがります。

これもまた、ゴルファーの呪いです。そして皮肉なことに、まじめに情報を集める方ほど迷路に迷い込み、出口を見失う結果になります。

提供される情報の中には、間違った情報もそ知らぬ顔で混じってますし、不完全な情報も、消化不良の情報も入り込んでいます。対症療法的な言葉やレッスンもあれば、トータルとして何かを伝えようとしているものもあります。

大きな問題は、ゴルフにまじめに取り組めば取り組むほど情報が気になり、ついあれもこれもと手を出してしまうことです。そうした状態をわかりやすいたとえでいうと、低血圧の人が、血圧を下げる降圧剤を飲んでしまうケースもあるということです。

高血圧の人にとって、降圧剤は効果のある有用な薬です。しかし、低血圧の人が飲むとその機能が逆方向に作用し、思いがけない事態を招いてしまう毒になります。

ゴルフを始めた当初、やはり私も情報漬けになりました。初ラウンドの私のスコアは59／62の121でしたから、何とかうまくなりたいと、必死に情報収集したものです。

ゴルフの専門誌などを見ると、ページを繰るごとに違うことが書いてあります。

たとえば、あるページには、「右足の蹴りが重要」とAプロが述べています。「そうか、右足の蹴りか」と思って次のページを見ると、そこにはBプロが「ベタ足打法のすすめ」を書いています。

これらのことは矛盾しているようですが、実は矛盾していません。整合性のある答えがあるのです。それは「右足の蹴りを重要と考えるのはAプロの方法であり、ベタ足打法はBプロの方法」ということです。

ベタ足打法のBプロも、フィニッシュでは右足を蹴っています。完全なベタ足のままのスウィングなど、どうやってもうまくフィニッシュできるわけがありません。Bプロの場合、「自分はベタ足のつもりで打っている。右足の蹴りは自然に起きてくる」ということなのです。

コックについても、同じようなケースがあります。Cプロはノーコック打法を解説しながら、写真を見るとはっきりコックしています。Cプロのノーコック打法はコックしてい

情報の誤解

**ここに挙げたのは、すべて「起こること」であって、
「しなければならないこと」ではありません。**

- 上半身と下半身のねじれで打つ
- 逆くの字になるな
- 軸は1軸
- トップでひと呼吸
- 背中は丸める
- 足の指で地面をつかめ
- かかとを上げろ
- 体重は6：4でやや右にかける
- 膝を締めろ
- 右膝を左膝につくように送れ
- かかと体重
- トップで右に乗る
- つま先は八の字に開く
- 左手3本でしっかり握れ
- 左手にできるマメは良いマメ
- 左手親指は伸ばして握れ
- トップで左手の甲は伸びている
- タメをつくってダウンスウィング
- ボールの内側を左眼で見ろ
- 左脇は締めておく
- トップでは右脇を開ける
- 縦に振れ
- 肩は水平に回せ
- 肩を90°以上回して腰は45°
- ノーコック
- 右手を使ってはいけない
- アイアンはダウンブローに打つ
- 左の壁をつくる
- 右体重から左体重
- 骨盤はフラットにしておく
- べた足で振れ
- つま先体重
- ダウンスウィングは下半身リード
- 左手の甲をボールにぶつけろ
- 頭を残せ
- 首を傾けたままフィニッシュ
- 腕は腰の回転より遅らせる
- 両手は上向きで握れ

るものの、感覚的にはコックしていないということなのです。自然に打とうとするとコックは必然的に起きるもので、意識的にするものではないのです。

ゴルフでは、「やること＝能動的なこと」と「起きること＝受動的なこと」をきちんと区別しなければなりません。一般の情報では、ここが区別されずに表現されています。受動的なことでありながら、「〜しなければならない」とか「〜することが正しい」と、能動的なことのように説明しているのです。

それを正しい情報として得てしまった人は、起こることを意識的に行うことがゴルフ上達の秘訣のように思い込み、一生懸命に練習します。この状態こそ、低血圧の人が降圧剤を飲んだ状態です。**ゴルフでは、受動的なことは体に任せればＯＫです。必要なことは、自分のやるべきこと＝能動的なことだけをやる**ことです。

スウィングに関するゴルフの情報を集めることは、決して悪いことではありません。問題は、「やること＝能動的なこと」と「起きること＝受動的なこと」を間違いなく区別する目と感覚が養われているかどうかです。

呪い 11 サラリーマンだから ゴルフがうまくなれない

ゴルフ科学研究所では、会員の方に、ゴルフ歴を書いていただいています。

30～40年もゴルフをやってこられた方もいますが、ゴルフ歴を書いていただこうとすると、なぜか多くの方々が空欄で提出されるのです。

そこで少し頭を絞り、「ゴルフ歴○年、一生懸命やりはじめて○年」とゴルフ歴を２つに分けるようにしました。すると、「ゴルフ歴40年、一生懸命にやりはじめて２年」とか、「ゴルフ歴20年、一生懸命にやりはじめて１年」とか記入されるようになりました。

「では、この間は何だったのですか？」

こう質問すると、ほとんどの返事は次のようなものです。

「サラリーマンゴルフで、遊びでやっていました。後は接待ゴルフですかね」

では、これからするゴルフは仕事なのでしょうか？　そんなはずはありません。やはり遊び、ゲームに変わりはないはずです。

「サラリーマンですから、シングルになれない。ハンデ15～20がせいぜい」

「サラリーマンだから、ゴルフが上達しない。90で回れれば御の字」

この「サラリーマンだからゴルフは……」も、ゴルファーの呪いです。どこを探しても、サラリーマンだからゴルフがうまくなれない原則などはありません。**「サラリーマンだから……」を口にするゴルファーは、長くやっていながら、なかなか上達しない今の自分を認めたくない人**です。そこを認めたくないから、「一生懸命にやっていなかった」と言い訳したいわけなのです。

ただ一般に、「ゴルフのうまいサラリーマンは、それだけ仕事をおざなりにしているから」といった偏見があるかもしれません。その裏返しが、「サラリーマンだから、ゴルフはそれほどうまくなれない」といった表現になることもあるでしょう。

女性でも、同じような呪いがあります。

家庭の主婦でゴルフをやられる方は、「私は主婦だからうまくなれない。ＯＬはゴルフがうまくて当然。食事をつくらなくてもいいし、家事もないんですから……」といいます。一方のＯＬはＯＬで、「家庭の主婦は会社の仕事がないから、時間が自由になる。ゴルフがうまくなって当然でしょ」といいます。

ゴルフをやっている方は、サラリーマンであれ、ＯＬであれ、家庭の主婦であれ、いつの時代にも人生の成功者です。もちろん大成功もあれば中成功もあります。しかし、成功していない人はクラブを握ることなどできません。やるべきこと（仕事や家庭）をきちんとこなして成功しているからこそ、広々としたコースを回る楽しみが味わえるのです。

　その成功のパターンは、参考書やマニュアルを一生懸命に反復学習して身につけるなり、マニュアルに則ったものだったはずです。しかし、**ゴルフには、こうすれば上達するという便利なマニュアルはありません。本当の意味での参考書もありません。うまくなるためには、自分で何かを発明・発見していくことが必要**なのです。

　たとえ小さな会社でも、自営業の方のほうがゴルフがうまいのはここに理由があるかも知れません。

　まず、「私は自営業ですから、ゴルフがうまくなれなくて……」といえません。さらに、経営ノウハウは会社によってすべて違います。「成功する経営」というセミナーを受講しても、それで経営が順風満帆に運ぶわけではありません。セミナーの内容を自分なりに咀嚼し、自社に適した発明・発見をし、経営に生かしていく必要があります。

　ゴルフも会社経営も自己責任――。自営業の方には、この意識が習慣づけられていると思われます。ここに自営業の方に上級者が多い理由があると、私は考えています。

呪い

12

頭でわかっても体がうまく動かない

「頭ではわかっているけど、できない。どうにも体がうまく動かなくて……」

これも、多くのゴルファーがかかっている呪いです。

これまでの私の経験からすると、この呪いにかかるゴルファーのほとんどは勉強熱心な人です。書棚には、プロが書いた本が並んでいることでしょう。ビデオなども数多く見ているはずです。

先に、プロの映像スウィングをスローで再生して勉強する弊害を指摘しました。その弊害は、「自分がやるべきことではなく、起きていることをやろうとすること」でした。「頭ではわかっているけど……」というゴルファーのほとんどは、そうしたゴルファーです。

頭でわかっていることの内容は、ビデオやＤＶＤで得たいろいろな知識です。頭でわかっている知識とは、無意識でやる部分の多いスウィングを言葉に翻訳し、顕在意識にインプットされた知識です。これでは翻訳不可能の無意識の部分は翻訳されない上、言葉で理解できる「起きていること」ばかりがインプットされます。その結果、上達に欠かせない

「自分のやるべきこと」が伝わってきません。だから、体がうまく動かないのです。

「頭ではわかっているけど、できない」ということは、できないのではありません。言葉では「できない」というふうに表現しますが、**自分が無意識にやるべきことをやっていないからできない。あるいは、起きていることを意識的に実現しようとするから、うまくできない**のです。

もう1つの「体がうまく動かない」というのは、身体機能本来の問題ではありません。無理に力を入れ、無理に体を動かそうとしているからです。あるいは、脳にインプットされた間違った動きをトレースしようとするから、体が違和感を訴えているのです。

あなたの中には、ゴルフのスウィングに必要な90%の動きはすでにインプットされています。それも、ほぼ完璧にインプットされています。その必要な動きを封じ込めたり、殺しているのが「〜してはいけない病」や「〜せねばならない病」です。

その病気が消えたとき、そこにどんなあなたがあるでしょうか? **そこには、「ゴルフのスウィングに必要な90%の動きが自然にできるあなた」がいます。**そのあなたを現実化すれば、あなたのゴルフは劇的に変わります。

呪い

13

才能がないからゴルフがうまくなれない

講演会などで、ゴルフの話をさせていただく機会も多くあります。そのとき、いろいろな質問が出ますが、次のような質問をよく受けます。

「私でもうまくなれるでしょうか？　これまでゴルフをやってきて、自分のヘタさ加減にほとほと嫌になりました。自分にはゴルフの才能はないのでしょうか？」

こうした質問をされる方に、「なぜ、自分には才能がないと思われるのですか？」と逆に質問すると、こんな答えがよく返ってきます。

「試せることはすべて試したけれど、どうしてもうまくいかないからです」

あなたが同じような考えであれば、ゴルファーの２つの呪いにかかっています。

第一の呪いは、「ゴルフの才能」です。

才能という言葉は便利な言葉で、返す刀で対象を一刀両断にします。しかし、ゴルフの先天的な才能などありませんし、技術など誰でも獲得できます。

よくゴルフがうまい人とかヘタな人といった表現を使います。しかし、ゴルフのうまい人・ヘタな人などいません。うまい・ヘタは方法や手段につく形容詞で、人につく形容詞ではないのです。

上達しない人は上達するゴルフをしていない人、ヘタにしかできない方法をやっている人です。**うまいといわれる人は、うまくいく方法（スウィング）をしている人で、ヘタな人は、うまくいかない方法をしている人**なのです。その違いが「ヘタな今」と「うまい今」をつくっているだけなのです。

今、タイガー・ウッズが世界最強のゴルファーであることに異論を唱える人はいないでしょう。あのタイガーでも、全英オープンを連覇する自信などなかったはずです。

タイガーは、ジュニアの頃からテレビに取り上げられています。小さな試合で何回か優勝しているうちに、「自分は大きな試合で勝てるかもしれない」となり、潜在意識の中に「メジャーで優勝する自分」をインプットするようになっただけです。

自信のきっかけがあるとすれば、自分の中にあります。「やるぞ」という決意が固まって「できる」になり、「できる」が「できた」になるのです。タイガー・ウッズは、「強いタイガーを自分でつくった」のです。

さて、第二の呪いは、「試せることはすべて試した」という思い込みです。

自信満々に、「自分は試せることはすべて試した」と断言する人もいますが、それは自

上達のプロセス

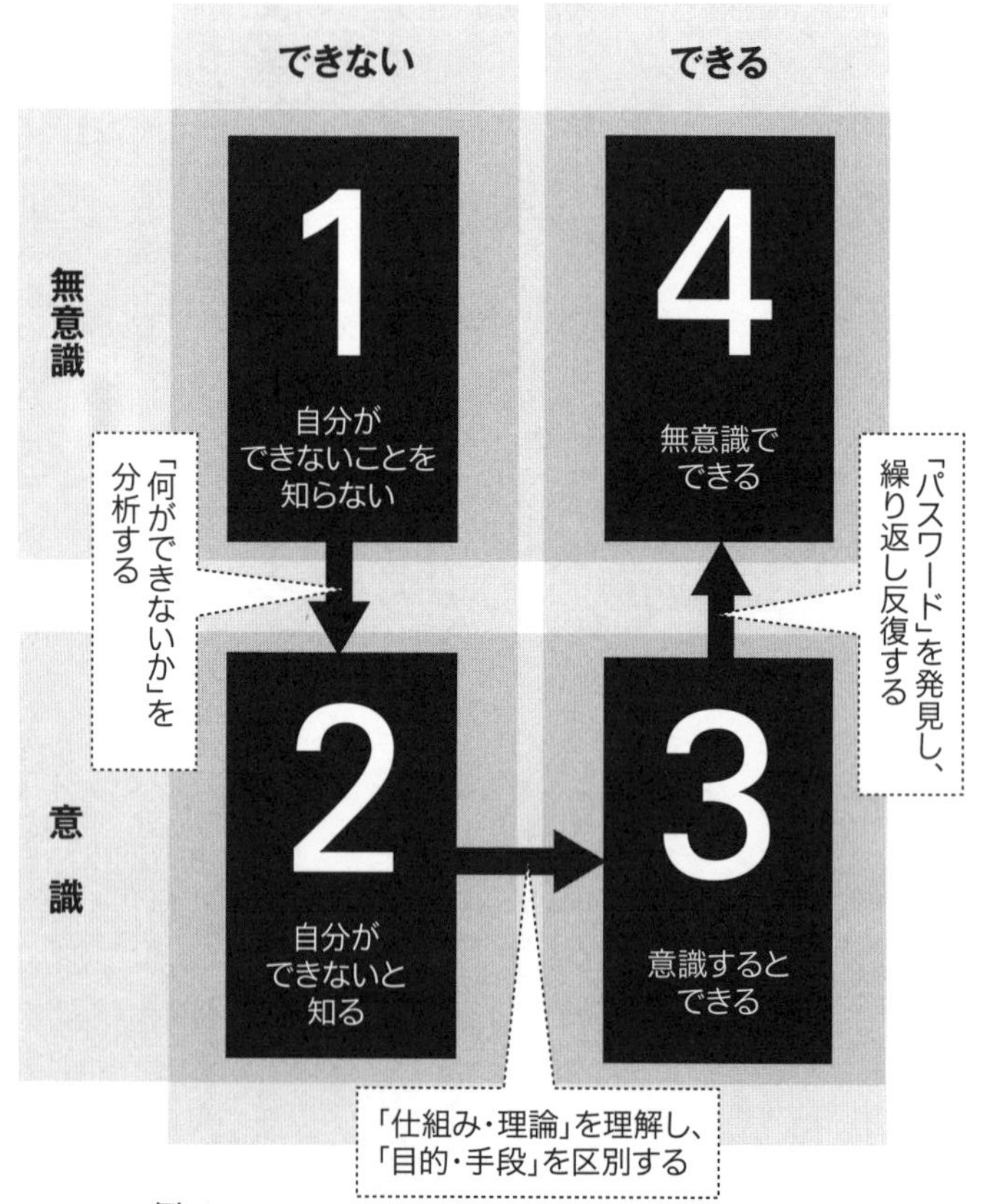

例
❶赤ちゃんは自転車に乗れないことを知らない
❷乗っている人を見て自転車に乗れないことを知る
❸バランスを取ったり意識していると乗れる
❹景色や会話を楽しみながら乗れる

分が知っていることをやっただけのことです。

そして、自分が知っていることなど、実は世の中にあることの0・00……1%くらいのことに過ぎません。知らないことのほうが圧倒的に多いのです。「試せることはすべて試した」というのは勝手な思い込みです。それを、「才能がないから」と才能のせいにしている人が実に多いのです。

知っていることをやっている限り、同じことをやっている限り、上達しません。これまで上達しなかった事実を見ても、それは明らかです。

では、どうすればいいのでしょうか？　解決策は簡単です。今まであなたが知らなかったことをやる。これまでとは違うことをやる。それだけの話です。

自分の可能性を自分で否定したり、疑問を持つ限り、可能性は決して開けません。

自分の可能性を信じてパープレーのできるゴルファーになるか、あるいは90が切れないゴルファーのままでいるか……。それはあなたが決めることですし、決められる人もまた、あなたをおいてほかにはいません。

「自分で自分のゴルフを変えよう！」

こう心に決めた方だけが、第2章以降に進んでください。

第 2 章

うまくなると決める!

あなたは、
自分のゴルフは
こんなものだと
あきらめていませんか?

自分のゴルフレベルをチェックしてみる

ようこそ、第2章へ――。

本章に来られたあなたがすでにクラブを握っていれば、きっと次のように思われたり、理解されたはずです。

「自分のゴルフを変えるぞ、パープレーを目指すぞ」

「自分は呪われていた。それがゴルフの上達を妨げる壁だったんだ」

そうした決意なり、理解を持ってゴルフに取り組めば、まず上達への扉が開けます。上達の扉がいったん開くと、上達度は加速度的に増します。

これまで20年とか30年ゴルフをやっていてもなかなか出なかった結果が、瞬く間に出せます。

「常識とは、その人が18歳までに獲得した偏見のコレクションである」

うろ覚えですが、アインシュタインにこんな言葉があったと思います。

第1章で紹介したゴルファーの呪いのどれかにやられてしまっている人は、そうした偏見を常識と勘違いしている人です。ゴルフがうまくなるには、まずその常識が偏見であると気づくことです。

そして、そこに「ＮＬＰゴルフ」を取り入れていただくと、ゴルフは飛躍的に上達します。ゴルフ科学研究所の会員の中には、本書の読者の皆さんに参考になるケースが多くあります。

さて、ゴルフ科学研究所では、まず会員になられた方のゴルフレベルをチェックしています。次に挙げるような簡単な質問形式ですから、ここであなたにもやっていただきたいと思います。

答えるときの注意として、深く考えないようにしてください。パッと頭に浮かんできたままを素直に答えていただくほど、あなたのレベルが正確に把握できます。

本書を読み終えるまで、その答えはそのままにしておいてください。

ゴルフチェック（NLPゴルフ前）

❶どんなステージで、どのような人とゴルフをやっていますか？

（　　　　　　　　　　）

❷日常、ゴルフに関してどんな行動を取っていますか？

（　　　　　　　　　　）

❸その行動を取るために、あなたにはどのような能力がありますか？

（　　　　　　　　　　）

❹以下の「○○とは？」の質問に、「○○だ」という形でお答えください。

・あなたにとって、ゴルフとは？（　　　　　）
・あなたにとって、いいスコアとは？（　　　　　）
・あなたにとって、練習とは？（　　　　　）
・あなたにとって、満足とは？（　　　　　）
・あなたにとって、成長とは？（　　　　　）
・あなたにとって、人生とは？（　　　　　）
・あなたにとって、不幸なこととは？（　　　　　）
・あなたにとって、幸せとは？（　　　　　）
・あなたにとって、成功とは？（　　　　　）
・あなたにとって、困難とは？（　　　　　）
・あなたにとって、夢とは？（　　　　　）

❺あなたはどんなゴルファーですか？（「私は○○だ」で答えてください）

（　　　　　）

カルテ 1

100ヤードも飛ばない女性が飛ばし屋に変わった

★「女だし、力がないから飛ばない」と嘆いていたYさん

ここからは、ゴルフ科学研究所の「上達のカルテ」を紹介しましょう。その姿は読者に大いに参考になると思います。ただし、すべてを紹介することはできませんので、典型的ないくつかのケースを紹介していきます。

最初は、60歳の女性です。この方をＹさんとします。Ｙさんの身長は１５５センチくらいです。

Ｙさんはまったく飛距離が出ませんでした。ゴルフ科学研究所の練習場は１００ヤードほどですが、Ｙさんのドライバーショットはどうしてもネットまで届きません。

「飛ばしたいわねぇ、でも、女で力がないから、やっぱり飛ばすのは無理ね……」

こんなことをいいながらも、何とかネットを揺らしたいと、Ｙさんは１００ヤードのドライバーショットを熱心に繰り返し打っていたものです。

同じような体つきのＡさんが打つと、鋭いボールがネットに突き刺さります。その様子をうらやましげに見ているだけで、Ｙさんのボールはネットまで届きません。

そこで私は、Ｙさんにある魔法の言葉をささやきました。

それからしばらくすると、Ｙさんのボールは何回かに１回はネットに届くようになったばかりか、ネットに突き刺さるようになるまでに変わりました。その瞬間に、Ｙさんは劇的な変化を遂げました。

「私でも飛ぶんですね。いつもこのボールが打てるようになります。やります！」

それからのＹさんは飛距離がぐんと伸び、必ずネットを突き刺すボールが出るようになりました。さらに練習場だけでなく、コースでも飛距離が出るようになりました。

「佐久間先生、私、一緒にプレーする仲間からいわれるようになりました。『何でそんなに飛ぶの？　ずいぶん、変わったわね』って」

それからのＹさんはますます飛ぶようになり、今や軽々と２００ヤードは飛ばしています。仲間内では、「飛ばし屋のＹさん」で通ってもいます。

★Ｙさんへの処方箋↓「飛ばしたい」をやめて「飛ばします」にする

なぜＹさんはここまで飛ばせるようになったのでしょうか？　Ｙさんへの処方箋は、次のような魔法の言葉でした。

佐久間　Ｙさん、もし２００ヤード飛んだらいいでしょうね？　２００ヤード飛ばせる自分を想像してみてください

Ｙさん　楽しい、楽しい！　ゴルフが全然違ってきます。私、飛ばしたい！

佐久間　２００ヤード飛ばしている自分を想像するとき、あなたはどんな感じですか？　まだ「飛ばしたい」と思っていますか？　それとも、そう思わなくても飛んでいますか？

Ｙさん　飛ばそうと思わなくても、楽々と２００ヤード飛んでいます

私たちは、「現在」に生きています。現実的には、過去にも未来にも行けません。しかし、想像の世界では過去にも、未来にも自由に行けます。意識の中で、過去・現在・未来は１本の線でつながっています。

ＮＬＰでは、この意識を活用したスキルがあります。

それを「タイムライン」といい、タイムラインを使うと、チャレンジに生かすことができます。

ＮＬＰでは、アウトカムを大切にします。アウトカムとは、「目的や目標、ゴール、望ましい状態、成果」などを意味します。ＮＬＰゴルフでも、アウトカムは重要です。

タイムラインを使う私の言葉で、Ｙさんは、アウトカムを達成した未来に自分を置きました。そこでの自分が具体的にどうなっているかを知り、現在へのメッセージを得ます。

佐久間 そうでしょう。「飛ばそう」と思わなくても飛ぶのです。Ｙさん、私のアドバイスです。飛ぶゴルフをしたいなら、「タイ人間」をやめましょうよ

Ｙさん えっ、「タイ人間」って何ですか?

佐久間 それはね、「〜したい、〜したい」といっている人のことです

Ｙさん じゃあ、「タイ人間」をやめてどうするんですか? 「飛ばしたい」と思わなくても、飛ぶようになるんですか?

佐久間 Ｙさん、タイという魚もいれば、マスという魚もいます。同じように、人間にも「タイ人間」と「マス人間」がいるんです。何かをやろうとするとき、タイではダメです。何かをやろうとするときは、絶対にマスである必要があります。飛ばそうとするなら「飛ばしマス人間」になってください

Ｙさんのように、「飛ばしたい」と考えているのに飛ばない人は多いはずです。あなたがそうなら、まず「飛ばしタイ人間」から、「飛ばしマス人間」になることです。

NLPは、人間がどのような仕組みで現実を認識しているかを、言葉と神経（五感）の観点から研究したものです。もっと簡単にいうと、「人の心はどのようにものを見て、どのように動くかを追求した学問」になります。その結果、「目的を達成するために、どのように言葉と神経を使えば有効か」が導き出されています。

「〜したい」といっている「タイ人間」と「〜します」という「マス人間」とでは、どちらのほうがアウトカムが明確でしょうか？　いうまでもなく、「マス人間」です。

明確なアウトカムを設定すると、潜在意識にそのイメージがインプットされます。その結果、アウトカムの達成に向けた行動が自然と取られるようになり、アウトカムが容易に達成されることになります。

Yさん　私、飛ばしマス人間になります

佐久間　Yさん、「飛ばしタイ」と「飛ばしマス」では、感覚に違いがありますか？

Yさん　そうね、「飛ばします」のほうが力まない感じがしますね

佐久間　そうなんです。同じような体格のAさんが飛ぶのは、そこに秘密があるんです。あなたには、スウィングに必要な90％が備わっています。その90％を生かせば、ボールは簡単に飛んで行きます

Yさん　その90%を生かす方法、教えてください!

佐久間　もう「飛ばしタイ人間」から、「飛ばしマス人間」になっていますよね。その気持ちのまま、クラブが飛んで行ってもいいから、その感覚で振ってみてください

Yさんのボールが飛ぶようになり、ネットに突き刺さるようになったのは、それからしばらくしてからです。

ゴルフでは「飛ばしたい」と考えがちです。しかし、「飛ばしたい」という意識が強く働くと余計な力が入り、スウィングがぎこちなくなります。「飛ばします」と考えることで余計な力が入らなくなり、自分の中にある自然のスウィング要素が出現するのです。

カルテ 2

「80が切れたら最高」といっていたサラリーマンが72で回った

★「サラリーマンだから病」にかかっていたSさん

次のケースは、ある商社マンのSさんです。ハンデは6ですから、だいたい80前後でラウンドしています。実業団の競技では、いつも会社の代表になっています。

「まぁ、80が切れたら最高に幸せですね」

彼と私とスタッフが雑談していたあるとき、Sさんはこんなことをいい出したのです。

その言葉を聞いたスタッフが、こういいました。

「ずいぶんと目標が低いですね。パープレーを目標にしないんですか?」

実業団の競技は、ゴルフの公式戦ではありません。そういった試合で「80を切れたら最高」というのでは、目標設定として低すぎます。自分の可能性をみずから否定しているからです。

Sさんは、お定まりの言葉で抵抗しました。

Sさん　だって、私はサラリーマンだから……。それくらいのスコアが出れば……

佐久間　それは「サラリーマンの呪い」です。「サラリーマンだから病」ともいいます。でもね、Sさん、サラリーマンであることと80が切れればいいということの間に、どういう関係があると思います？　72で回れたとしたらどうですか？

答に窮したのか、Sさんは黙って考え込んでしまいました。

そのときの彼は腕組みをしていませんでした。腕組みは拒否の表われですから、このときのSさんは私の話をまったく拒否しようとしたわけではありません。

そこで私は、魔法の言葉をささやきました。

佐久間　Sさん、あなたが72で回っている姿を想像してください。そのコースはどこですか？

Sさん　いつものホームコースです

佐久間　風は吹いていますか？

Sさん　そよ風が吹いています

佐久間　誰と一緒に回っていますか？

Sさん　会社の同僚の３人です

佐久間　あなたが72で回って、その３人はどんな様子ですか？

Sさん　ははは、すごく悔しがっています

佐久間　Sさん、そのときの自分になりませんか？　72で回るあなたになりましょうよ

Sさん　72で回れば、楽しいでしょうね

佐久間　そうですよね、そんなゴルフをしませんか？　どうですか、Sさん？

Sさん　やってみます。目標を72にします

それまで「80が切れれば……」といっていたSさんが、パープレー宣言をしたのです。その宣言からしばらく後、彼はクラブの月例競技会で72で回りました。

過去、Sさんの成績はいつも80前後だったのですが、今は安定して74～75で回っているそうです。

サラリーマンにとって、ゴルフは確かに仕事ではありません。しかし、ゴルフがうまくなってはいけない道理はありません。

うまくなれたほうが楽しみは大きくなる上、ゴルフの世界もひと皮むけます。ひと皮むけたゴルフの世界ではそれなりの楽しみが待っていますし、それはよりいっそうエキサイティングで豊かな世界なのです。

★Sさんへの処方箋→パープレーを宣言する

Sさんのこの変身は、どこからきたのでしょうか?

それは、「パープレー宣言」をしたことにあります。私とスタッフに、「目標を72にします」と72というスコアにコミットすることを宣言したのです。コミットとは「自分を縛る」ことです。

日本には、「不言実行」という伝統的な言葉があります。この言葉を好む人もいますが、裏を返すと、「できそうなことだけをいう」ことになります。不言実行の便利なところは、実際に何もしなくても誰にもわかりませんし、実現できなくても他人に気づかれることがないところです。不言実行の大親友は「不言不実行」なのです。

何かを達成しようとすれば、「有言実行」しかありません。

有言実行は、潜在意識にイメージをインプットします。潜在意識にイメージがインプットされると、そのイメージにしたがって自然に行動するようになります。そのイメージにしたがって行動していけば、その姿が実現されます。変な表現になりますが、「実現されるしか道がない」のです。

Ｓさんに対し、私は「どこのコースですか？」とか「誰と一緒に回っていますか？」とか細かいことを質問しました。

人間には、視覚、聴覚、触運動覚、味覚、嗅覚の五感があります。人はこの五感によって外界から情報を刺激として取り込み、その人特有の情報として内部処理しています。

この五感を、ＮＬＰでは「代表システム」と呼んでいます。中でも主なシステムと考えているのが、視覚（ビジュアル＝Ｖ）、聴覚（オーディトリー＝Ａ）、触運動覚（キネステイック＝Ｋ）の３つです。

ＮＬＰでは、この「代表システム」よりさらに小さい、具体的な感覚要素を考えています。それが、次の「サブモダリティ」と呼ばれる感覚要素です。

①視覚のサブモダリティ……明るさ、鮮明さ、動き、大きさ、光の動きなど

②聴覚のサブモダリティ……音量、テンポ、リズム、大小など

③触運動覚のサブモダリティ……温度、湿度、圧力、位置など

脳の特性の１つに、「感情として脳は、過去・現在・未来を区別しない」ということがあります。

良い未来、楽しい未来、アウトカムが実現された未来……。そうした未来を細かなサブモダリティを使ってありありと実感すれば、現在の状況が変わります。私の使ったスキルは、小さな感覚要素であるサブモダリティを変えることで、アウトカムが達成された楽しい未来を描いてもらうことだったのです。

あなたの目標が80を切ることであれば、Ｓさんのように72のパープレーにコミットし、周りに「パープレー宣言」をするのです。

「72にコミットするのはいいけど、『72で回るぞ』という宣言はどうも。ホラ吹きと思われるのは嫌だから、目標をちょっと下げてできそうな75くらいで……」

もしこう思われたら、それはコミットになりません。「できそうなこと」は予定でしかないのです。予定はこなすもので、達成するものでない上、予定はだいたい予定のままで終わります。

72へのコミットで成績がグンとアップしたＳさんは、やる気が各段にアップしました。

そんなＳさんが、私に相談してきたものです。

Sさん　先生、コミットということなんですが、優勝とか順位にコミットすることも考えられますよね。そういうコミットもいいんですか？

佐久間　優勝とか順位へのコミットも考えられます。ただし、自分が１００％満足できるゴルフをしたとしても、他のプレーヤーの調子次第では優勝できません。逆に、自分の調子が悪くても、他のプレーヤーの調子がもっと悪ければ、優勝できてしまいます。ゴルフで、優勝とか順位といった相対的なものはコミットの対象にしないほうがいいでしょう。コミットする対象は、「自分だけで完結することがら」にすべきですね

コミットすべきことは、「難しく思われるが、自分が達成したいこと」「何の保証もないが、実現したいこと」「自分だけで完結することがら」です。そうコミットすることこそ、達成への近道なのです。

カルテ

3 平均スコア１２５の女性が70台で回るようになった

★遊び気分でゴルフ合宿に参加していたBさん

次のケースは32歳のＢさん、彼女はＯＬです。

毎年、ゴルフ科学研究所はハワイ合宿を行っています。この合宿は5日間の日程で毎日36ホールを消化します。

4年ほど前の合宿に、Ｂさんが参加しました。Ｂさんのスコアはいいときで１１７～１１８、悪いときは１３０前後、平均スコアは１２５程度です。

その合宿にはもう１人、30歳の女性でＪさんという方が参加していました。ＪさんもＯＬで、平均スコアは１００くらいです。ＢさんとＪさんは、このハワイ合宿で初めて顔を合わせています。

１日目から4日目まで、Ｊさんのゴルフに大きな変化はありません。スコアは１００を出たり入ったりの繰り返しです。Ｂさんのほうも、相変わらず１２５前後でラウンドしていました。

この４日間、Ｊさんは私たちとラウンドしながら、熱心にスウィングの研究をしていました。一方のＢさんは合宿に水着を持参し、ゴルフ合宿といっても観光気分が抜けていませんでした。ゴルフがうまくなるための合宿といっても、Ｂさんにとってゴルフは二の次、三の次だったのでしょう。

「先生、今日は午前中の１ラウンドにして、午後は海水浴をしましょう」

「先生、今日は早く切り上げて、買い物に行きません？」

私の顔を見ると、Ｂさんはこんなことばかりをいっていたものです。

Ｊさんに大きな変化が起きたのは合宿の最終日。その日、Ｊさんは76でラウンドしたのです。このときＢさんも一緒に回っていたのですが、Ｂさんのスコアは１２０と代わり映えしないものでした。

その翌年、Ｊさんは不参加でしたが、Ｂさんは合宿に参加しました。このとき水着は持参していませんでした。

この合宿でのＢさんは、見事な変身を遂げていました。１年前の合宿では１２５前後だったのに、70台で回れるようになっていたのです。

平均スコアが１２５から70台に大幅アップしたＢさんの話はまだ終わりません。その後、ある大手ＩＴ企業が主催する企業対抗競技で70台で回って優勝したのです。

★Bさんへの処方箋↓「あの人にできたのだから、私にもできる」と考える

Bさんの劇的な変身の理由はどこにあるのでしょうか?　最初のハワイ合宿の打ち上げで、私はBさんにこんな魔法の言葉をささやきました。

佐久間　Bさん、あのJさんが76で回れたのだから、あなただって70台で回れるようになりますよ

Bさん　私がですかぁ?　70台で回れたらいいですよねぇ

佐久間　Bさん、あなたは英語が得意ですよね。あなたが英語ができるということは、あなたが英語をモノにすると決めたから、できているのです。今、あなたのできていることというのは、すべて、あなた自身がやると決めたことなんですよ

Bさん　そうですね、何とか英会話ができるようになりたくて、英会話の学校にも通いましたから……。「英語を話すぞ」と決めなかったら、絶対に英語は話せていなかったでしょうね

佐久間　70台で回りたいじゃなくて、「70台で回ります」にしましょう。まず、「自分も70台で回る」と決めること、それが70台で回る第一歩ですよ

Ｂさん　そうですよね、Ｊさんが76で回れるなら、私も70台で回れますよね。できますよね、やります！

帰国後、Ｂさんの態度は一変しました。ゴルフ科学研究所に姿を見せると、私やスタッフにいろいろと話を聞きたがるようになったのです。

話を聞くと、帰国後も２人は何回か一緒にコースを回っています。このときＪさんは４アンダー68のスコアを出しています。Ｂさんにとって、Ｊさんのハワイでの76、日本に帰ってからの68は非常に刺激になったようです。「私にもできる」という気持ちに拍車がかかったに違いありません。

ＮＬＰには、「リソース」という考え方があります。

リソースとは、「現状から目的地に向かっていく過程で使うありとあらゆることやもの、手段」を指します。また「自分が望むものを手に入れるために有用なもの」ということもできます。つまり、目標を達成するのに役立つ要素のことです。

たとえば、人間関係や自分の性格などもリソースですし、時間やお金がリソースになることもあります。

人にほめられた体験、自分の能力、親友や友人、先輩や後輩、人脈、趣味・特技、何かを達成したときの自分のイメージ、成功した未来の自分のイメージ……などもリソースになります。

そして、「リソースフルな精神状態」とは、「自分の望むものに向かい、物事を明るく積極的な気持ちでやる気になっている状態」を意味します。

Bさんの場合、英語が達者でした。そのポイントを思い出したBさんはリソースフルな状態になり、アウトカムに向かう動機づけ（モチベーション）がぐんと上がったのです。

こうしたことが可能になる理由は、「潜在意識は過去と現在を区別できない」という脳の特性にあります。

たとえば、「過去にあなたが楽しいと思ったことを思い出してください」といわれて楽しいことを思い出すと、あなたは楽しい気分になるはずです。逆に、「辛かったこと、悲しかったこと、ドキドキしたことを思い出してください」といわれると、辛い気持ちや悲しい気分になります。ドキドキしたりもするはずです。

時間が経過していますから、「今のあなた」と「昔のあなた」は違います。しかし、「今のあなた」が、「昔のあなた」の経験を思い出すと、楽しくなったり、悲しくなったり、ドキドキします。

その理由こそ、脳が現在と過去を区別できないからなのです。

未来についても同じです。楽しい未来を想像すれば、楽しくなります。辛い未来を想像すれば辛くなり、悲しい未来を想像すれば悲しくなります。これも、脳が現在と未来を区別できないために起こる現象です。

ちょっと文学的にいえば、脳にとって、「過去は過去でありながら現在であり、未来は未来でありながら現在である」といえるでしょう。

「自分にもできる、と決めたからって、できるとは限らない……」

あなたがこう考えているとすれば、あなたのゴルフは上達しません。ここで質問です。

「あなたは英語が話せるでしょうか？　それとも『読み・書きはできても、英会話はどうも苦手で……』のタイプでしょうか？」

日本では、中学・高校・大学と英語教育が行われています。同じようなレベルの英語教育を受けながら、「英語ペラペラ派」と英語の話せない「読み・書き派」がいます。

英語が話せない人は、他人のせいにします。いわく、「私が英語を話せないのは、話せるようになる英語教育を受けられなかったから」とか、「英語が話せない大学の英語教師に教わって、英語が話せるようになるわけがない」とか……。

英語が話せる人も、受けた学校教育はさほど変わりません。

しかし、英語が話せる人は、何かの機会に「英語が話せる自分」を必要とし、話せるようになる方法を探したはずです。その方法は無限大で、語学学校に通ったり、外国人の個人レッスンを受けたりしたはずです。英語が話せない人は、「英語が話せる自分」を求めなかった人なのです。

何事も、「～できるようになった」ということはすべて同じです。

自転車にしても、「自転車に乗れるようになる」と決めたことがスタートです。何度も転んだでしょうが、「乗れるようになる」と決めて乗り続けたから、乗れる現実があるのです。

どうでしょう、「～したくない」と思ったことで、あなたができるようになったことがあるでしょうか?

今、あなたができていること、後天的に獲得した能力は、自律神経に関わることを除き、「自分にはできる」とあなたが決めたことなのです。

英会話や自転車乗りだけでなく、今まであなたはいろいろな成功を手にしているはずです。いろいろなことができてきたはずです。

その成功のすべてを、あなたはどうやって手に入れたでしょうか? どんな小さな成功体験でもかまいません。今まであなたが手にした成功、今、あなたができていることを振り返ってみてください。

「なぜ、自分はそのことができているのか?」

そう考えれば、あなたは「〜できるようになる」ために努力を払ってきた自分の姿を発見するはずです。壁にぶつかったとき、何か違う方法を求めようとした自分も発見するでしょう。

それが「成功のストラクチャー(構造)」であり、すべての成功、できたすべてのことがらには、このストラクチャーがあります。その対極に、「成功しないストラクチャー」もあります。それは、「〜できるようになる」と思わなかったこと、「自分にできる」と思わなかったことです。

あなたの中には、「成功のストラクチャー」も「成功しないストラクチャー」もあります。どちらを選ぶかはあなたの自由ですし、あなた自身が決めることなのです。

カルテ 4

「上級者には勝てない」といっていた男性が大変身した

★上級者にグロスで勝っている状態になったMさん

ハワイの合宿には、当然、男性も参加しています。

ある男性をMさんとします。Mさんは41歳。平均スコアは１００台でした。Mさんのゴルフはスコアこそよくありませんが、パワフルでした。ドライバーを持たせれば、私たちと同じか、ときにはオーバードライブすることもあったほどです。

「でも、飛ぶだけです。私なんか曲がってしまうからダメですよ。もっとうまくなりたいですねぇ」

Mさんは、いつもこんなことをいっていました。

「ゴルフでは、いつも真っ直ぐ打つことは非常に難しいんです。曲がるボールなら、曲がるボールのメリットを生かすようにしたらどうですか?」

私たちはこうアドバイスしていましたが、Mさんは聞き入れようとしません。

「そういうのは上級者のやることで、私なんかにできません。私は私のゴルフを楽しめればいいんです」

そのMさんとハワイ合宿で初めて一緒に回ることになりました。各ホール2打のハンデを出して、ランチをにぎることにしました。他の2人も、いつも70台で回ります。

「みなさん70台ですからね、負けて当たり前ですよ」

Mさんは負けて当然と、毎日プレーしていました。

しかし、合宿4日目のMさんは違いました。最初の3ホールをパー、パー、バーディで回ります。一緒に回っている人はといえば、パー、パーときた後、池に入れてダブルボギー。ここで、グロスで3打勝っている状態が起きたのです。

そして、イーブンで迎えたパー4の17番。このホールにはMさんの背丈ほどもある深いバンカーが口を開け、Mさんのティーショットはそのバンカーにつかまります。

グリーンまでは150ヤード、風はアゲインストです。これまでのMさんや普通のプレーヤーなら、サンドウエッジでとりあえず出してと考えていましたが、この日のMさんが握ったのは9番アイアンでした。

結果はピン一直線、ものの見事にピンそばにピタリとついたのです。そして、見事なバーディです。

★Mさんへの処方箋↓「可能性の領域」を飛び出す

ここは絶好の機会です。その日のラウンドが終わって、私はMさんに魔法の言葉をささやきました。

佐久間　宮里藍ちゃんは強いよねぇ。Mさんは彼女の強さの秘密をどう思う?

Mさん　宮里藍の父親は、自分でもプロになろうとしたくらいですよね。だから、宮里藍もゴルフがうまいし、兄貴たちもプロになれたんでしょ。ゴルフのうまいDNAがあるんじゃないですか

佐久間　それは誤解ですよ。確かに、宮里藍にも2人の兄貴たちにも父親の影響はあったかもしれないけど、技術的なものじゃありません。まして、父親のDNAの影響でもないですよ

Mさん　そうなんですか、私は最初からうまかったんだ、才能があったんだと思っていたんですが……

佐久間　Mさんは知っているかなぁ、父親の教えは「なせばなる」のようなものだったんです。父親の影響ということでいえば、この教えで、彼女に「自分にはできる、やる」という確信を植えつけたことだろうね

Mさん　実は、今日のラウンドで、私もそう思ったんです。これまで上級者は雲の上のような存在で、自分とは絶対に違う世界の人だと決めていました。そういう人のゴルフは、自分のゴルフとは別世界のゴルフだと考えていたんです。でも、最初の3ホールで、「自分はこの人たちと何も変わらないところにいるのかもしれない、自分でもできる」と思ったんです。だから17番では、イーブンできていたので、グリーンオンさせてバーディを取って勝つと……

佐久間　その気持ちの変化はどうですか？　「うまくなりたい」というのではなく、「うまくなる」という感じではありませんか？

Mさん　そうです、「うまくなる」とか「うまくなります」という気持ちですね

宮里藍は、プロテストを受けずにプロになっています。そのきっかけは、中学生のときの日本アマ選手権への出場でした。

そのためには九州アマ選手権で好成績を収めなければなりません。九州アマに出た彼女は好成績を収め、「自分にはできる」と思ったはずです。

日本アマでもそこそこの成績を収め、「自分には絶対にできる。やればできる」と確信

し、努力を続けたのです。

宮里藍が華々しくデビューしてから、諸見里しのぶをはじめ、沖縄出身の若い女子ゴルファーが次々に登場し、活躍しています。

彼女たちにブリリアントな特別な才能があるわけではなく、「藍ちゃんにできるなら、私にもできる」という気持ちがあるだけです。

それに比べ、彼女より10年も15年も長くゴルフをやり、何倍もクラブを振っていながら、ベテランと呼ばれる部類の女子プロは、1人、2人を除くとあまり精彩がありません。そうした女子プロは、まず「藍ちゃんにはかなわない」といっています。当人がそう思っている限り、宮里藍を脅かす存在には決してなれません。

Mさんの劇的な変化も、「自分は上級者と何も変わらないところにいるかもしれない。自分にもできる」と気づいたことがきっかけでした。

Mさんのこの変化は、「可能性の領域」のブレークスルーです。

可能性の領域とは、「自分のゴルフと上級者のゴルフは違う。自分は自分のゴルフでいいや」というものです。この可能性の領域に身を置いていると、安心できます。一緒にラウンドすることの多い仲間、気が合うと思っている仲間も、おそらく同じような可能性の領域の住人です。

可能性の領域

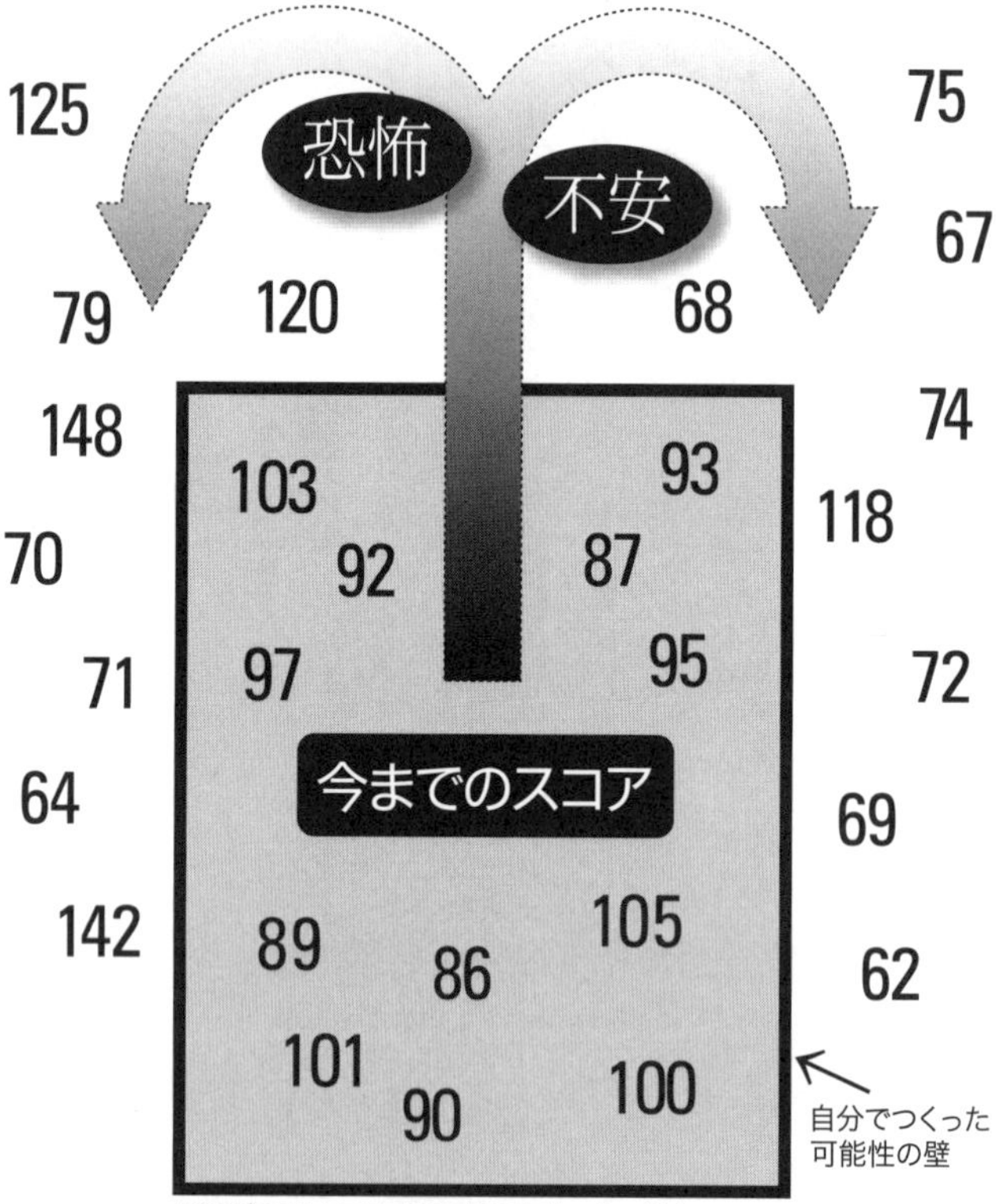

※86がベストスコアでハンデ20のプレーヤー場合

あなたはどうなりたいですか？ 「今の自分のゴルフなら平均90くらい。たまに80台が出るかな」と安心の中にいませんか？

外の世界に飛び出すことは勇気のいること。恐怖や不安がついてきます。今の可能性の領域の外側にはとてつもなく悪いスコアもあります。しかし、今までにない62や71というスコアがあるのです。可能性は限りなく存在します。成果を得るのも得ないのもあなた次第です。

前ページの表を見てください。これは、86がベストスコアでハンデ20のプレーヤーのケースです。

自分の世界の外側、つまり可能性の領域の外には、１４８というとてつもなく悪いスコアもあります。しかし、今までにない62とか71といったプロ並みのスコアもあります。

自分の知らない世界、外の世界に飛び出すことには恐怖も不安もつきまといます。自分が安心できる可能性の領域にとどまっている限り、それ以上でもなければそれ以下でもありません。

可能性の領域を飛び出せるか、飛び出せずにとどまるか……。

あなたのゴルフが劇的に変わるかどうかは、まずそこにかかっています。「自分は上級者と何も変わらないところにいるかもしれない」と感じたときから、あなたのゴルフはまったく新しい世界へと大きな変貌を遂げはじめるのです。

カルテ

5

否定的口癖からミスを連発するアナウンサーが肯定的に変わった

★「私はバカですゲーム」をやっていたTさん

ゴルフ科学研究所には、いろいろな会員さんがいます。たとえばTさん。40歳でアナウンサーの彼は、何事も否定的にとらえる人でした。

「僕になんか、できるわけがないじゃないですか」

これが口癖でした。最初、私は「ずいぶん謙遜する人だなあ、謙遜家なんだなあ」と思っていたのですが、しばらくして「大いなる否定家」であることがわかりました。

ドライバーでナイスショットしたときでも、Tさんの答えは否定家の面目躍如たるものです。

「多分、ライが悪いはずです」

ボールのところに行くと、ライは悪くありません。

「こういうとき、けっこうザックリやるんですよね」

自分で宣告した通り、ダフります。

Tさんとラウンドしていると、最初から最後までこの調子です。パー5のホールで、第3打がグリーンに乗ってバーディチャンスです。こんなときも、否定家はこういいます。

「こんなとき、打てないんですよね。だいたい3パットするんですよね」

そういって、Tさんはガンと打ってカップをオーバー。返しもオーバーで、結局3パット。せっかくのバーディチャンスをボギーです。

「ほらね、やっぱり。いった通りでしょ」

私には「自分がうまくいかないことを楽しんでいるのか」と思えるぐらい、Tさんは何事も否定的にとらえます。

Tさんのような人は、いつでもどこでも「私はバカですゲーム」をやっている人です。このゲームの参加者は、上司からいつも叱られている、あるいは親から叱られていることで自分の存在感を感じるタイプです。

会社で、たとえば上司から重要な仕事を任される局面を迎えます。チャンスなのに、Tさんのような方は必ずこういいます。

「ぼくなんかに、そんな大切な仕事はできません」

それほど重要な仕事でなくても、このタイプは「私はバカですゲーム」をします。

「コピーぐらい取れるだろう」

取ってきたコピーが曲がっています。

「コピーも満足に取れないのか」

「そうです、コピーもうまく取れないんです」

Tさんのような人は、うまくいかない側にいることに慣れてしまい、そこにいることが安心な人です。否定語は、そうした自分にかける保険のようなものなのです。

★Tさんへの処方箋↓日常生活で肯定語を使う習慣をつける

よく、コップに水が半分入っている状態をどうとらえるかという話があります。「半分しかない」と考えるか、「まだ半分もある」ととらえるかという問題です。この考え方の違いをおもしろくいうと、「しか族」か「まだ族」になります。

「しか族」は、何事も否定的に考える傾向が強い人。「まだ族」は、物事を肯定的にとらえる人です。Tさんは、筋金入りの「しか族」といってもいいかもしれません。

Tさんのゴルフを変えるには、「しか族」から脱出してもらうことが先決です。別の表現をすると、「私はバカですゲーム」からの卒業です。私は、Tさんにある秘密の言葉をささやきました。

佐久間　Tさん、日常生活でも否定語を肯定語に変えましょう

Tさん　否定語を使わない生活ですか？　それで生活できますか？

佐久間　できます。否定語の代わりに肯定語を使うんです

Tさん　ふ～ん。で、それがゴルフにどんな影響があるんですか？

佐久間　否定的な言葉を使うと否定的なイメージが湧き、潜在意識が否定的な結果をつくってしまいます。肯定語を使うと肯定的なイメージが湧き、肯定的なゴルフができます。肯定的なゴルフになれば、ゴルフが楽しくなり、腕前も上達します

Tさん　そんなことが起こるんですか？

佐久間　失礼だけど、あなたのように否定語が骨の髄まで染みついていると、どんなときでも否定的なイメージが湧いてきて、否定ゴルフになってしまいます。だから、結果は絶対に良くならないのです

Tさん　わかりました。うまくなれるなら、肯定語を使う生活をやってみます

生まれついてすぐに否定語を覚え、否定人間になる人などいません。
否定人間になった理由は、否定的な経験の積み重ねです。人間は、経験したことを言葉

や五感で記憶します。記憶がストックされている場所は、潜在意識です。

Ｔさんはうまくいかない経験を繰り返したと思われます。そのために、潜在意識にうまくいかない自分が強くインプットされ、何かしようと記憶を呼び出すたびに、「できない自分」のプログラムが真っ先に出てきてしまうのです。

ＮＬＰは、言葉や五感で潜在意識にプログラムされた記憶を変えるスキルです。その手段が、言葉や五感からのアプローチになります。

私がＴさんにささやいた肯定語を使った日常生活は、言葉や五感による潜在意識の塗り替えのようなものです。つまり、ＮＬＰの基本中の基本といえるものです。

肯定語で日常生活を送ろうとしても、否定語がすっかり身についていると、日常生活でも否定語がつい出がちです。そうした場合、すぐに肯定語に切り替えて表現するようにしてもらいました。

肯定語への切り替えは、最初は考えなければできません。それを半年ぐらい続けると、物事を肯定的に考えるようにシフトしていきます。何事も肯定的にとらえられるようになると、Ｔさんのゴルフも変化の兆しが見えてきました。

「１番のティーショットなどうまくいくはずはない。練習しないといけない」

「最近は調子が良くない。どんなショットもうまくいかないだろう」

コースを回るたびにそんな口調だったのが、１番のティーショットの前にまったく練習しなくなったのです。ハウスでお茶を飲んでいる彼に、私は声をかけました。

佐久間　**Tさん、スタート前に練習しなくていいの？**

Tさん　いいんです、１番ホールはナイスショットしますから。フェアウェーの真ん中に飛ばしますよ

仮にミスしても、肯定的に考える癖が身についたTさんからは、肯定語しか出てきません。こうした劇的な考え方の変化は、日常生活で肯定語を使うようになった効果です。

日常生活で否定語を使わないようになれば、「私はバカですゲーム」から卒業できます。ゴルフだけでなく、否定的な人生を肯定的な人生に変えることもできるようになります。

アイデンティティが可能性を決める

ここまで5人の方たちのケースを紹介しました。

この5人の方たちのゴルフは、私の魔法の言葉で大変身しました。その変化をおさらいしておきましょう。

❶Yさん……飛ばしたい　↓　「飛ばします」で飛ばせる自分を知った

❷Sさん……80が切れればよい　↓　「72で回ることにコミット」して達成した

❸Bさん……Jさんが76で回れる　↓　「私も70台で回れる」と自分を変えた

❹Mさん……上級者と私のゴルフは違う　↓　「上級者も私も同じだ」と気づいた

❺Tさん……否定語から肯定語への切り替え　↓　「うまくいく自分」をつくった

では、魔法の言葉でこの方たちの何が変化したのでしょうか？　あなたは、その変化がおわかりになるでしょうか？　それは……、アイデンティティの変化――。

これが答えです。

アイデンティティ（Identity）は、「自己同一性」などと難しく翻訳されています。誤解を恐れずにいってしまえば、「自分らしさ」です。アイデンティティを変えることは、「これが自分のゴルフ、自分はこんなゴルファー」とあなたが勝手に決め込み、大きな可能性にフタをしている自分を変えることです。

よく心構えとか目標設定といいますが、すべてアイデンティティから生まれてきます。

講演会でも、よくアイデンティティの話をします。

相談者　アイデンティティが変われば、ゴルフが劇的に変わると先生はいわれますが、それをわかりやすく説明していただけませんか?

佐久間　あなたはどんな趣味をお持ちですか?　仮に、趣味が登山だとします。多くのゴルファーは、高尾山に10回も登れば、エベレストに登ることも可能だと錯覚しています。登山ということは同じでも、高尾山の延長線上にエベレストはありません。「自分はエベレスト登頂に成功する男」という「アイデンティティ」を持たない限り、エベレスト登頂に成功することはない

のです。ゴルフでも、「アイデンティティ」こそがその人のゴルフのレベルを改めるのです

相談者　でも、アイデンティティを変えるって、そんな簡単にはできないでしょう?

佐久間　アイデンティティを変えることは、そう難しいことではありません。「よし、変わるぞ」とあなたが決めれば、アイデンティティは変わります。「変わるはずがない」とか「これが自分というものだ」と決め込んでいれば、絶対に変わりません

アメリカのノースカロライナ州に、リーダーシップの研究と研修を行っているＣＣＬ（Center for Creative Leadership）という組織があります。

南カリフォルニア大学のモーガン・マッコール教授はＣＣＬのある研究成果をまとめ、そこで「quantum leap experience」という概念を提出しています。

直訳すると「量子力学的な跳躍となった経験」となりますが、神戸大学の金井壽宏教授は「ひと皮むけた経験」と訳されています。

つまり、「人の成長は漫然と漸進的にゆっくり進むのではなく、ここぞというときに大きなジャンプがある」という意味です。

ゴルファーは、人それぞれいろいろなアイデンティティがあります。90を切ることを目標にする低いアイデンティティもあります。パーの72で回るとか、アンダーパーで回ることを目標にする高いアイデンティティもあります。

私の先輩に、こんな方がいます。その方は70歳ですが、昨年、55歳以上が参加する日本シニア選手権で11位に入っています。

日本には65歳以上が参加できるミッドシニア選手権、70歳以上が参加できるグランドシニア選手権もあります。この方はグランドシニアの参加資格があり、日本一になることもできるでしょう。しかし、「グランドシニアの優勝は、私には価値がない。短いコースセッティングでプレーしてしまうと、日本アマや日本シニアで通用しなくなる気がする」とおっしゃいます。

この方は、日本アマや日本シニアに出場し、そこで通用する自分という「アイデンティティ」なのです。

宮里藍は、自分のゴルフバッグに「54」と書いています。これはアニカ・ソレンスタムのコーチだったニア・ピールソンが示した「54ビジョン」からの影響です。

54ビジョンとは、すべてのホールをバーディで回るビジョンです。宮里藍が54と書いているのは、彼女が54のゴルフを自分のアイデンティティにしているということです。

たとえ54が出なくても、彼女は、「54で回るゴルフ」を自分の目標にしています。それだけで、彼女は周りの女子プロより一歩抜けたゴルファーになっているのです。

アイデンティティが高いアイデンティティに変われば、ゴルフの上達に加速度がつきます。低いアイデンティティであればまず上達しませんし、いつまで経っても従来の可能性の領域にとどまるだけです。「うまくなれない自分」を選択しているために、いつまで経ってもヘタなゴルフを続けるしかないからです。

ゴルフで「quantum leap」を起こす手段こそ、アイデンティティを変えることです。

アイデンティティを高いものに変えれば、あなたのゴルフは「quantum leap」を起こします。変えなければ、いつまでも「今のままのあなたらしいゴルフ」にとどまります。

アイデンティティが高くなれば情報・環境・能力がついてくる

ゴルフに限らず、人間は自分でつくっているアイデンティティにすべて規定されています。それが「自分らしさ」だと思っているからです。

ゴルフ科学研究所の新規会員になられた方で、最初から高いアイデンティティの人はそう多くはありません。そこで、そうした方々にスタッフがいろいろなボールを打って見せます。

佐久間　どうです、もしあなたもこんなボールが打てるとしたらどうですか? あなたのゴルフにどんなメリットがありますか? ゴルフがどう変わりますか?

相談者　そんなボールが打てれば、コース攻略が楽になるし、グリーンが狙いやすい場所にボールが落とせるでしょうね。そうなると、パーやバーディが取りやすくなるでしょうね。スコアも良くなりますよね。できれば、私も打

ちたいですね

佐久間　あなたにも打てますよ。すぐに打てるようになります

相談者　本当ですか？　本当に打てるようになるんですか？

佐久間　できます。あなたのアイデンティティが変わればですけど……

ここで私が使った「もしあなたもこんなボールが打てるとしたらどうですか？　あなたのゴルフにどんなメリットがありますか？　ゴルフがどう変わりますか？」という質問は、NLPの「アズ・イフ・フレーム」というスキルです。

何かを実現したいとき、明確なアウトカム（目標・目的）がある場合とない場合、どちらが成功する確率が高いでしょうか？　もちろん、明確なアウトカムがある場合です。

なぜかといいますと、明確なアウトカムを持って行動を起こすとき、その実現に向けて潜在意識は最大限のパワーを発揮するからです。「アズ・イフ・フレーム」というスキルは、そのアウトカムを明確にするのです。

このスキルは、潜在意識に、未来に起こることを、過去に行ったことと同じくらいの強さで明確に意識させます。その結果、望ましい未来を手に入れる方法なのです。

会員になっても、「いいですね、私もそんなボールが打ちたいですね」といっている間

は、自分でやろうとしません。だから、そうしたボールが打てるようにはなりません。

しかし、アイデンティティが高くなると、私のアズ・イフ・フレームでそのボールが出る未来の自分を強く意識するようになります。打法を理解しようとし、結果として、それほど時間をかけずにマスターしてしまいます。「できれば、私も打ちたい」というアイデンティティが、「打てる私」というアイデンティティに変わるからです。

「ゴルフがうまくなる」とか「パープレーの72」というアイデンティティが当たり前のものになれば、そこから先の情報の量と質、環境や行動パターンがすべて変わります。そればかりか、能力までも変わってきます。

研究所の会員で、高いアイデンティティに変わった人とよく話します。アイデンティティが変わる前と後の変化の差を知りたいと思うからです。

佐久間　高いアイデンティティになって、どんな変化を感じましたか?　たとえば、情報に関して、どんな変化を感じますか?

相談者　そうですね、ゴルフの上達に必要な情報、有益な情報が集まるようになった感じがします。これまでと同じ情報の流れの中にいても、上達に必要で、質の良い情報がアンテナにかかってくるように思います

佐久間　そうした情報は、アイデンティティを変えなければ、素通りしていた情報なんです。アイデンティティが高くなると、必要で質の良い情報が潜在意識のアンテナに引っかかってくるようになるんです。これもC・G・ユングのいうシンクロニシティでしょう

シンクロニシティは一般に「共時性」と訳されていますが、これでは何のことやらわかりません。これもまた誤解を恐れずにいいますと、「必要なものが必要なときに与えられる」と理解してかまわないでしょう。

また、高いアイデンティティに変われば、上達に必要な環境も整い、行動パターンも変わってきます。

佐久間　環境や行動パターンでは、どんな変化がありましたか?

相談者　そうですね、「サラリーマンだから……」といっている人とか、一生懸命にやろうとしない人とは回りたくなくなりました。そうした仲間と回っても楽しくありませんし、何も得るものがないことがハッキリ認識できるからです

佐久間　**同じ回るなら上級者やプロと……というところですか?**

相談者　そうです。クラブの競技会に進んで参加するようにもなりましたし、上級者やプロと知り合いになって、プロと一緒にラウンドするようにもなりました

これだけで、もう上達のレールに乗っていることはおわかりになるでしょう。さらに、高いアイデンティティに変わると能力的にも高まります。今まで許していたことが許せなくなり、考えてプレーするようになるからです。

佐久間　**ゴルフのプレーにはどんな変化がありましたか?　たとえば、ドライバーはどうですか?**

相談者　それまでは「当たればよい」とただクラブを振っていただけだったように思いますが、状況を考えながら打つようになりました

佐久間　**では、バンカーではどうですか?**

相談者　そうですね、「出ればOK」と納得していたものが、方向を確実に出すようになりましたね。それと距離も合わせたいと思うようになりました

上級者の中には、「バンカーはグリーンと同じ」とか、「ラフよりはバンカーのほうが好き」という人もいます。アイデンティティがそう決めているのです。この人は、「グリーンは硬くて、速い。ラフからカップを狙うより、バンカーショットのほうがスピンが効いて止めやすい」とまでいい切ります。

また、「ドライバーは飛ばないけど、パットだけは誰にも負けない」というアイデンティティの人もいます。この方と一緒に回ったときは、10メートルとか12メートルの距離を次々と沈められ、6連続バーディを含む12バーディでトータルスコア60というゴルフを見せてもらいました。

「この人は、自分はパットがうまいと本当に信じているんだな。自分で信じられることを自信、確かめて信じられることを確信というけれど、それがあるからこういう結果が出るんだろうな」

そのとき私は、こんな感想を持ったものでした。

ゴルフがうまくなるかどうかは、アイデンティティが規定します。重要なことは、今のアイデンティティはいかようにも変えられるし、変えるのは自分だということです。

第 3 章

肯定イメージで打つ!

あなたは、
行きたくない場所を
意識して
ショットしていませんか?

「〜のに」を「〜のだ」に変え、良いことだけにフォーカスする

この章からは、私と一緒にラウンドしながら「ＮＬＰゴルフ」を理解し、身につけていただくようにしたいと思います。あなたが私とラウンドする約束し、待ち合わせ時間には準備を整えて、いよいよスタートです。

佐久間　これから一緒にラウンドしますが、まず私に1つのことを約束してください。その約束は、「〜のに」といわないことです。できますよね

あなた　簡単なことです。「〜のに」といわなければいいんですよね

佐久間　実は、「〜のに」は否定語で、ゴルフを否定的にします。上達の可能性を阻む言葉なのです。今日は、「〜のに」を使わずにラウンドしてください

なかなか上達しないゴルファーには、この「〜のに」が好きな人が多いものです。あなたがいつも「〜のに」といっているとすれば、それが上達しない原因の１つです。

あなた　初歩的なことかもしれませんが、否定語を使うと、なぜゴルフが上達しないのですか?

佐久間　人間の体の中には、ゴルフに必要な関節や筋肉の動きの90%は備わっています。変な意識を持ち出さなければ、その90%の動きが発揮され、ゴルフは無理なくできるのです

あなた　その変な意識の1つが、否定語というわけですか。たとえばですね、ティーショットをフェアウェーのど真ん中に打ったのに、ディボット跡があったというようなケースがありますね。そういう場合、つい「せっかくいいティーショットだったのに」といいそうです。この場合、どういえばいいのでしょうか?

佐久間　そういう場合は、「素晴らしいティーショットを打ったのだ」というようにしましょう

あなた　せっかく2オンしたのに、3パットしたというケースもありますよね。こんな場合、どういえばいいのでしょう?

佐久間　「2オンに成功したのだ」と気持ちを切り替えればいいのです

あなた　では、第3打まで良くてパーで上がれると思ったのに、第4打をミスしてダボを叩いてしまったようなこともありますよね。こんなときは、「第3打まで良かったのだ」でいいのですか？

佐久間 そうです、「〜のに」といっていたことを、すべて「〜のだ」と変えてください。簡単なことですが、これであなたのゴルフは様変わりします

ここで考えていただきたいことは、「せっかく〜のに」「〜だ」という関係です。ティーショットをフェアウエーのど真ん中に打ったことと、そこがディボット跡だったことに関係があるでしょうか？　あなたが会心のショットをしようがしまいが、ディボット跡はそこにあります。

2オンしたことと、3パットしたことはどんな関係があるでしょう？　2オンは2オン、3パットは3パットです。この2つのことには関係がありません。勝手にストーリーをつくって精神的に落ち込んでいるだけです。

パーセーブできると思ったことと、ダボを叩いたことにどんな関係があるでしょう？最後のパットを沈めない限り、パーで上がれるか、ボギーになるか、ダボを叩くことになるかは、誰にもわかりません。これも無関係なのです。

完璧を期そうとすると、悪いところについ目が向きがちです。「画竜点睛を欠く」とい

う言葉もあります。しかし、いつも完璧、いつも１００点満点ということはまず不可能なのです。

「～のに」の代わりに「～のだ」を使うスキルは、良いところにフォーカシングするスキルです。ゴルフでは良いところだけにフォーカシングし、肯定的イメージを湧かせる。それが自分の満足できるゴルフをする大きなポイントです。

❶「ティーショットは良かったのに、ボールはディポット跡にあった」
↓「素晴らしいティーショットを打ったのだ」

❷「第3打まで良かったのに、第4打をミスした」
↓「第3打まで完璧だったのだ」

❸「2オンしたのに3パットした」
↓「あの難しいホールを2オンさせたのだ」

どうですか、「～のに」を「～のだ」に変えるだけで精神的にずいぶん違うはずです。否定的イメージが消え、肯定的イメージになったからです。肯定的イメージになると潜在的な身体能力が発揮される条件が生まれ、次のショットが楽になります。

「WHY?」を「WHAT?」に変え、やるべきことを明確にする

ゴルフではいろいろなミスが起きます。

第1打を打つまでに考える時間がありますし、第2打、第3打と、次のショットに入る間にも、いろいろと考える時間があります。

前のホールで、あなたはイージーなアプローチショットをショートし、うまくいけばバーディ、普通でもパーセーブできるところをボギーにしてしまいました。次のホールに向かいながら、あなたは何を考えるでしょう?

佐久間　ひょっとしたら、前のホールのミスを考えているの?

あなた　良いところまで運べていたのに、ミスしてしまったなと思っています

佐久間　その「~のに」は禁句でしたよ

あなた　あっ、そうでしたね

私はいつも思うのですが、なかなかゴルフが上達しない人にとって、この「～のに」はかなり骨身に染みついている否定的な言葉です。だからこそなかなか上達しないともいえるのですが、ラウンド中にこの言葉を口にすると否定イメージになり、それだけで精神状態が悪化します。否定語は言い訳になり、言い訳から肯定イメージは湧かないからです。

佐久間　それで、前のホールの何を考えているんですか？

あなた　「あのとき、なぜショートしたのか」を考えています

佐久間　それをね、「ＷＨＹ病」とか「なぜなぜ病」っていうんです。「なぜ、あんなショットを……」「なぜ、あんなミスを……」と考える病気です。これはメリットがないんです

あなた　メリットがないんですか？

佐久間　「ＷＨＹ」は原因を追求する言葉ですよね。すでに起きてしまったことの原因を考えても、その場ですぐに答えが出るものでもないでしょう。いつまでも答えを発見しようとしていると精神が悪いほうに傾き、否定的な精神状態とイメージをつくります。これが「スタック（空回り）」につながっていくことになります

先ほどの「～のに」と並び、「ＷＨＹ病」もゴルフの上達を妨げます。ラウンド中であれば、あなたのゴルフを崩し、スコアメイクを悪くもします。

ラウンド中に「ＷＨＹ？」を使うゴルファーは、気づかないうちに自分で自分を追い詰めているゴルファーです。「ＷＨＹ？」と考え、「原因はあれだったのか、これだったのか」と答えを求め続けても、そこに答えが転がっているわけがありません。

ゴルフでのミスは、いろいろな条件が複雑に絡み合って生じます。すぐに見つかるような答えであればこれまでに発見しているはずですし、打ってから「ＷＨＹ？」と考えるようなミスは犯しません。

あなた　では、「ＷＨＹ」の代わりにどう考えるんですか？

佐久間　それは、「ＷＨＡＴ」です。「ＷＨＡＴ？」と考えるんですよ

あなた　あまり違わないんじゃないですか？

佐久間　それが大違いなんです。「ＷＨＹ」は「なぜ？」の原因追求ですが、「ＷＨＡＴ」は「何が？」の追求です。自分が何をすべきか、その明確な目標設定や動機づけのようなものなのです

あなた　では、今、私はどんな「ＷＨＡＴ」をすればいいんですか？

佐久間　さっき、あなたはアプローチをショートしましたよね。そのとき、自分がやるべきことをしっかり決めていましたか？　たとえば、ボールをしっかり見て打つとか、ピンにボールが絡むイメージで打つとか、です。逆に、「ここはうまくいけばバーディだ」とか考えて、体に力が入ったりしていたのではないですか？　「ＷＨＡＴ＝自分がやるべきこと」に質問をシフトさせると、問題がどこにあるかが具体化します。問題がどこにあるかが具体化すると、改善点が見えてくるでしょう

ＮＬＰでは、「失敗はない。そこには学びがある」と考えます。同じように、ＮＬＰゴルフでも「ゴルフに失敗はない。うまくいかないことには学びがある」と考えます。

実は、「ＷＨＡＴ（何が原因）？」と考えることは、問題を具体化し、学びのポイントを明確にするスキルなのです。

ミスショットしたとき、「ＷＨＹ？」では原因は突き止められません。「ＷＨＹ？」と追い詰めれば追い詰めるほど、ひどいスタックに陥るだけです。うまくいかないことが起きたら「ＷＨＡＴ？」で考え、改善点をハッキリさせて次のホールに進むことです。

左に嫌な林やハザードがあるときは、「右に打つ」と決める

次のホールには、左に林があります。いかにも深そうな林で、入れたら大変なことになりそうです。ティーアップしたあなたの目には、嫌でもその林が目に入ります。私の目に、林のほうをチラチラ見ているあなたの姿が映ります。

佐久間 今、あなたは左の林が気になって仕方がないでしょう

あなた はい、「あの林に打ち込んだら大変だ。林に入れてはいけない」と思っています

自分で「左の林に入れてはいけない」と思っているところに、「左の林に入れないでください。面倒なトラブルショットになります」というキャディさんの言葉も加わります。その声で、「林に入れてはいけない」というあなたの気持ちにますます追い討ちがかかります。あなたの頭の中では、「林に入れてはいけない」の大合唱が響いています。

佐久間　そのままショットを打つと、90％以上の確率で、あの林に入りますよ。消極的な気持ちから腰が引けたり、手で合わせにいったりすることになります。そうなると、余計に大きく曲がりかねないからです

あなた　では、どう考えてショットすればいいのですか？

佐久間　「左に打ってはいけない」ではなく、「右に打つ」にしてください

あなた　「右に打つ」ですか？

佐久間　この肯定語を使うと、あなたの中にプラスの変化が生じます。右に打つためには、どういうボールを打てばいいのか、自分のやるべき行動が具体的に見えてくるはずです

自分のやるべき行動が具体的に見えていないショットほど、危険なショットはありません。今のようなケース以外でも、「～してはいけない」と否定的に考えてしまう場合があります。その場合、必ず「～する」と肯定イメージに切り替えてプレーすることです。

ティーショットに困ったら、「フェアウェーに打つ」と考える

次のホールはパー4で、右はOB、左は崖です。おまけに、フェアウェーサイドのバンカーがポッカリと4つも口を開けています。

ゴルファーにとっては、何とも意地悪な設計です。

「さぁ、うまく打てますか？　あなたならどう打ちますか？」といった設計者の声が聞こえてきそうなホールです。

佐久間　さっきの体験を生かして、ここはどう考えればいいのか考えてください

あなた　そうですね、普通なら「スライスしてはいけない、フックしてもいけない。バンカーに入れてもいけない」と、なってしまいますが……

佐久間　それじゃ、否定語の塊ですよ。そんな否定語の塊でショットすれば、そのどれかが確実に現実化します

あなた　では、どう考えるのですか？

佐久間● 簡単です、フェアウェーにボールを落とせばいいんです。だから、ここは「フェアウェーに打つ」でいいんです

どう打てばいいのかといくら考えても、打つボールは1つ。ボールが落ちるところも1つです。右にOB、左に崖、グリーン周りにバンカーがあっても、フェアウエーがあります。そのフェアウエーにボールを運べば、問題は何も起こりません。

最悪のケースは、フェアウエーに打つと決めず、「どう打てばいいかわからないから、とりあえず打ってしまえ」でショットをしてしまうことです。この場合、右OBに打ち込むか、左の崖で止まるか、真っ直ぐ飛んでバンカーにつかまります。

状況が逆でも同じです。左にOB、右に崖でも、「フェアウエーに打つ」でOKです。

スライスしてもいけない、フックしてもいけない、バンカーに入れてもいけないというようなとき、あるいはどう打てばわからないようなティーショットもあるでしょう。

そうしたときは「フェアウエーに打つ」と決め、実行してください。これは、ボールをフェアウエーに運ぶ魔法です。「フェアウエーに打つ」と決めて実行すれば、あなたの関節や筋肉はきっと応えてくれます。

ダフるとバンカーに入るときは、「バンカーを越える」と目的を明確にする

あなたのティーショットはナイスショットでした。ボールはフェアウェー中央をキープし、ライも良好です。セカンドショットは、深いバンカー越えです。

佐久間　ライはいいですね。でも、バンカー越えです。今、あなたはバンカーを見ていますよね？

あなた　当然です。アプローチはバンカー越えですから

佐久間　バンカーを見て、何を考えていますか？

あなた　はい、「ダフったらバンカーだ。ここはダフらないようにしないと」と思っています

佐久間　バンカーを見て、「ダフったらバンカー」と否定イメージを湧かせて打つと、良い結果は出ません。そのイメージで「ダフってはいけない」という否定語を使って打つと、きっとダフってバンカーです

ダフればバンカーにつかまる——。

そのことを知っておくことは必要に違いありませんが、ダフらないような保険をかけながら、策を講じながらのショットが必要です。

あなた　でも佐久間さん、「ダフってはいけない」という否定語をやめるとして、その代わりにどうすればいいんですか？　「ダフってもいい」と考えるのですか？

佐久間　「ダフってもいい」というイメージも否定的ですね。ここは、肯定的なイメージを湧かせることです

あなた　肯定的なイメージって、どんなイメージですか？

佐久間　フワっとボールが浮いてグリーンに乗るイメージ。こうした状況では、それが良いショットに結びつく肯定的なイメージです

あなた　イメージだけでいいんですか？

佐久間　そこに「バンカーを越える」という肯定語をプラスしてください。この肯定語を使うと肯定イメージになり、目標も明確になります

あなた　フワッとボールが浮いてグリーンに乗るイメージ。そこに「バンカーを越

える」という言葉をプラスすると、確かに、自分がやるべきことがハッキリ描けますね

佐久間● そうした状態をつくってショットすれば、とんでもないミスはまずありません。さあ、打ってみてください

ゴルフコースの設計というものは、だいたい入りそうな距離にバンカーをつくります。そのことで、ゴルファーにスタックを起こさせるようにできているのです。

バンカーが気になるようなアプローチショットでは、「バンカーに入れたくない」とか「ダフってはいけない」の否定語と否定イメージをまず消してください。フワッとボールが浮いてグリーンに乗るイメージと、「バンカーを越える」という肯定語を使い、そのイメージのままスウィングすることです。

グリーンを狙うときは、「ピンの手前につける」と行動を明確にする

次のホールはパー5。第3打まで順調で、あなたはグリーンまであと30ヤードのところまできました。ここはピンに寄せられれば、まずパーが取れます。

佐久間　グリーンまで30ヤード、さあ、ここはどうですか？　あなたは何を考えていますか？　もしかしたら、「グリーンオーバーしないように」とか考えていますか？

あなた　ええ、「グリーンオーバーしないように」です。それが普通でしょ

佐久間　その言葉も使ってはいけない否定語です。「グリーンオーバーしないように」という言葉は、実はこれから自分がやるべきことが不明確なんです

あなた　やるべきことが不明確なんですか？

佐久間　そうです。「グリーンオーバーしないように」といっても、グリーンの手前にボールを落とすのか、グリーンに乗せるのか、どこにボールを落とそ

うと意図しているのかが決まらないでしょう。「やるべきことが不明確」というのはそういう意味なんです

グリーンの手前まできたとき、よく「グリーンオーバーしないように」と考えたり、実際に口に出したりします。自分が何をすべきか不明確なこの言葉を使って打つと、スウィングが中途半端になり、ダフったり、トップしたりという結果を招きます。

あなた　では、グリーンの手前まできたら、どう考えて打てばいいんですか？

佐久間　あなたがやるべきことは、グリーンをオーバーしないことではありません。グリーンに乗せる。それがあなたのやるべきことです。そのために、あなたが使うべき肯定語は「ピンの手前につける」です

「ピンの手前につける」という肯定語を使うことで、あなたのアプローチショットの目的が明確になります。自分のすべきことがハッキリすれば、あなたにインプットされている身体のメカニズムはその目的に向けて動いてくれます。ボールはグリーンに乗り、ピンの手前にピタッと止まることでしょう。

長いパットが残ったら、「2パットでいく」と決めてミスを防ぐ

さあ、ボールがグリーンに乗りました。ただ、ボールはグリーン奥のほうに乗っていて、距離的にヘタをすると3パットしかねません。ラインは下りで、速いラインです。

佐久間 ラインが速そうですね。あなたはどう考えて打ちますか?

あなた ラインを考えると、「打ちすぎてもいけないし、弱すぎてもいけない」というところですかね。「ヘタすると3パットだな。3パットはしないようにしないと……」と考えて打ちます

佐久間 今の言葉は、すべて否定語です。この否定語でパットすると、多分、あなたは3パットしますよ

あなた では、どんな肯定語を使ってパットすればいいのですか?

佐久間 ここであなたが使うべき肯定語は、「2パットでいく」です。それでパットすればいいんです

「3パットしないように」では、方法が明確に出てきません。「2パットでいく」と意識を変えれば、ファーストパットをどこに打ち、セカンドパットでカップインするという意図が明確になります。

あなた　2パットでいくと決めたとして、右に切れるラインです。このときはどうすればいいんですか？　カップの左を狙うんですか？

佐久間　もうおわかりでしょうが、「右に切れるラインだから、右に外さないように」という否定語は使わないことです。それでは、どう打てばいいかの方法が見えてきませんから……

あなた　では、どう考えるのですか？

佐久間　右に切れるラインでも、カップ目がけて真っ直ぐに打つと決めることです。そう決めて、真っ直ぐに打つことです

もし右に切れるラインだからと、カップの左を狙ってパットしたとします。その打ち方だとカップより上にボールが止まり、下りのパットを残す危険があります。結果として3パットになりかねませんし、「2パットでいく」と決めた意味がなくなる恐れがあります。

2パットでいくには、必ずカップより下にボールが止まるようにファーストパットを打ちます。そのためには、カップ目がけて真っ直ぐに打ち出すことが必要なのです。

あなた　でも、それではカップインしませんよ

佐久間　確かに、右に切れるラインを真っ直ぐ打てば、カップに入る可能性はゼロです。その代わり、必ずカップより下にボールは止まり、次のパットがやさしくなります。だから、狙い通り、2パットでホールアウトする可能性が高くなります

もちろん、ボールがカップより下に止まったからといって、次のパットでカップインする保証はありません。しかし、「2パットでいく」と決めたのですから、この方法を使って2パットでホールアウトすればいいのです。このホールでのあなたのゴルフは、作戦通りパーフェクトに終わります。

同伴者の好プレーには、「ナイスプレー!」の声を惜しまない

ここまでの話で、あなたのゴルフはかなり劇的に変化します。さらに、良いゴルフをするために、あなたにやっていただきたいことがあります。それは、同伴者の好プレーには、心底からの「ナイスプレー!」の声を惜しまないことです。

あなた　私は、同伴者のナイスプレーには「ナイスプレー」の声を惜しみませんよ

佐久間　それは、肯定ゴルフの実践には非常にいいことです。これからも、「ナイスプレー」の声を惜しまないでください

あなた　でも、「ナイスプレー」の声と肯定ゴルフとは関係があるのですか?

佐久間　あなたがナイスプレーをしたとき、同伴者が「ナイスプレー!」と叫ぶでしょう。この場合と、人のナイスプレーを見てあなたが「ナイスプレー!」と拍手したとき、潜在意識には同じ情報しか入りません。自分がナイスプレーをしても、他の誰かがナイススプレーをしても、「ナイスプレー!」

という情報だけがインプットされます。その結果、あなたがナイスプレーをしたのと同じ良いイメージがインプットされるからです

あなた　なぜそんなことになるのですか？

佐久間　脳というものは、「自他の区別」がつかないからです。顕在意識では自分と他人は厳格に区別します。顕在意識で自他の区別がつかないと、それは立派な病気です。でも、潜在意識の世界では、自分と他人は区別されないのです

潜在意識は自他の感情を区別できません。それは脳の特性です。

たとえば、人が楽しそうにしている状態を見ると、あなたも楽しくなります。人が悲しんでいる状態を見れば、あなたも悲しくなります。あなたがその人のように本当に楽しい状態、悲しい状態になっていないにもかかわらず、あなたは同じように楽しいと感じ、同じように悲しい気持ちになってしまうのです。

これは、潜在意識の世界で、脳が自他の区別ができないことによって起こることです。

ちょっと気取っていえば、脳にとって、「自分は他人であり、他人は自分である」といえるでしょう。そこで、あなたはこんな疑問を持つかもしれません。

あなた 今の「ナイスプレー」の逆も成り立つのかもしれない。人のミスショットを見て、「あっ、ミスした」と思ってしまったらどうなるのですか?

佐久間 なかなか鋭い指摘です。自分がミスして「ああ、ミスした!」と思っても、他人のミスを見て「あっ、ミスした!」と思っても同じです。どちらにしても、潜在意識には、「ミスした!」という情報がインプットされてしまいます。だから、次のホールで、あなたは同じようなミスを犯すことになるのです

あなた そういうときは、どうやって肯定ゴルフに持っていけばいいのでしょう?

佐久間 自分や誰かがミスしたとき、「ミスした、失敗した」と否定的にならず、「こういうことがあるから、ゴルフは楽しんだよな」と考えることです

同伴者の好プレーには、どんどん「ナイスショット!」をプレゼントしましょう。そのことで、あなたの中には自分がナイスショットをしたと同じ効果が生まれます。ミスしたときは、「こういうことがあるから、ゴルフは楽しい」と考えることです。

アンカーリングで、リソースフルな感情にスイッチを入れる

見出しに横文字ばかりが並んでしまいました。何やら難しそうな感じがするかもしれませんが、それほど難しいものではありません。

佐久間　あなたが素晴らしいドライバーショットを打ったとします。同伴者からは、「ナイスショット」の声が飛びます。そのとき、あなたはどうしますか？

あなた　気分がいいですよね。ニッコリしたり、声をかけてくれた人に会釈したりします

佐久間　それだけでは、もったいないのです。最高に気分のいい状態を「リソースフルな状態」といいます。そのリソースフルな状態を、何かの動作を使って潜在意識にインプットするともっとプレーが良くなります。潜在意識にその状態をインプットするスイッチがアンカー、その行動を「アンカーリング」といいます

この「アンカーリング」はＮＬＰの最も基本になるスキルで、「うまくいくときのイメージを利用」するものです。

「アンカー」はご存じの船の「錨」ですが、停泊するときに船は錨を下ろします。ゴルフのアンカーも、同じように、自分の体や脳にある感情を意識的に固定させるスイッチになるものです。わかりやすく、「ある感情を引き起こすきっかけになるスイッチ」と理解していただいてもいいでしょう。

物事がうまくいっているとき、意識していなくても、人間は、驚くほど効果的に自分の力を無意識に使っています。アンカーリングは、アンカーというスイッチを入れることで、過去に自分が体験したプラスの感情を潜在意識からよみがえらせ、現在の状況に活用するスキルです。

あなた　佐久間さんは、どんなアンカーリングをやっているのですか？

佐久間　私の場合、右の耳たぶをつまむことをアンカーにしています。長年このアンカーを使っていますから、右耳をつまめば、私にはリソースフルな感情が湧いてくるようになっています

あなた　そういえば、スタート前、佐久間さんは右耳をつまんでいましたね。何を

していいるのかと思っていましたが、これだったんですか

佐久間 そうです。スタート前に、右耳をつまむアンカーリングをやっていたんです。そのことで、リソースフルな感情を湧かせてスタートしたんです

あなた アンカーリングは、どんなものでもいいのですか?

佐久間 アンカーリングでは、いろいろなものがアンカーになります。ある特定の感情を呼び起こすものすべてがアンカーになるのです。動作以外に、たとえば、自分の気持ちの良い状態をよみがえらせてくれる香りなどもアンカーになります

ＮＬＰでは、アンカーによってある感情を呼び起こすことを「スイッチを点火する」といいます。プラスのアンカーによって点火される精神状態が、「リソースフルな精神状態」です。「リソースフルな精神状態」については第2章のBさんのところで述べました。どういう精神状態をそう呼ぶかは、そこを参考にしてください。

佐久間 他人のナイスプレーに自分のアンカーリングを使っても効果があります。同伴者がナイスショットをしたときも、私は「ナイスショット!」の声と

ともに、右耳をつまむアンカーリングをします。脳は、潜在意識レベルでは自他を区別できません。この行為で他人のナイスショットをいただき、リソースフルな感情を反復するわけです

あなた アンカーリングは他にもうまく使えそうですね。たとえば、難しいと思えるようなショットやパットでも、有効なのではないでしょうか?

佐久間 そうです。難しいと思えるショットやパットのときも、私はこのアンカーリングを使います。アンカーリングはリソースフルな状態と直結していますから、そのことでリソースフルな状態が引き出されます。その結果、ナイスショットやナイスパットが生まれる可能性が非常に高くなるのです

誰でも、リソースフルな精神状態に入れるアンカーをつくることできます。普段の生活の中で、「これが自分のアンカーだ」とアンカーを決めておくことです。

コースでは、他人や自分のナイスショットでアンカーリングを行い、スタート前や難しいと感じるショットなどでは、そのアンカーを使ってリソースフルな精神状態を引き出すのです。

第 4 章

ミスショットも喜ぶ!

あなたは、
前に起きたトラブルを
悔やんで
ラウンドしていませんか?

「承認・完了の儀式」で、ショットやホールごとに感情をリセットする

ゴルフでは、1つ1つのプレーが結果です。ナイスショットであれ、ミスショットであれ、ナイスパットであれ、ミスパットであれ、すべてが結果です。

ナイスショットやナイスパットをした場合、次のホールでもこうした好ましい結果が出そうな気がします。しかし、前のホールで素晴らしいショットやパットが出たとしても、次のホールでその素晴らしいプレーが再現できるとは限りません。

では、前のホールでミスショットしたり、バーディやパーセーブできるようなパットを外した場合はどうでしょう? こういうときは、またミスショットしたり、簡単なパットを外しそうな気になります。その精神状態のままプレーすると、まずほとんど同じようなミスを犯してしまうものです。

そうしたミスを防ぐために、何か方法はあるのでしょうか?

悪いイメージを手放し、感情を引きずらないようにする――。それが答えです。どんな結果であれ、それを受け入れれば感情を切ることができます。

そのスキルの1つが、「承認・完了の儀式」です。

たとえば、あなたが前のホールでイージーパットをミスしたとします。次のホールに向かう間、歩きながらこんなことを考えているはずです。

あなた　ああ、あそこでパットをミスしなければ、パーだった

佐久間　そんなに前のホールの感情を引きずっていると、悪影響だけが出ます。否定ずくめのゴルフになりますよ。ここはひとつ、感情をリセットしましょうよ

あなた　そんな方法があるんですか?

佐久間　はい。「承認・完了の儀式」をやるんです。この儀式を行うことで前のミスを忘れ、感情をリセットして次のホールをスタートするんです

あなた　佐久間さん、「承認・完了の儀式」は何でもいいんでしょうか?

佐久間　何でもいいです。自分が感情をリセットできることなら、何でも「承認・完了の儀式」に応用できます

あなた　上級者にはどんな儀式があるんですか?

佐久間　ある上級者は、パットをミスしたらパターのシャフトを噛みます。それが

彼の「承認・完了の儀式」ですね。ミスショットしたら、クラブを投げつける上級者もいます。マナー的には感心しませんが、その上級者にとってこれが「承認・完了の儀式」なのかもしれません。またある上級者は、「嫌なことが起これば、次のティーに嫌な感情と思いが残る。だから、次のホールではドライバーヘッドでそこを叩いて、嫌な感情と思いを粉々にして消す」といいますね

そのショットなり、ホールを「承認・完了」できる儀式で承認すれば、心理的な完了が起こります。仮にミスがあっても結果が手放せ、悪いイメージを引きずることなく、次のショットやホールに新しい気持ちで臨むことができます。

佐久間　この「承認・完了の儀式」は、前のショット、前のホールが満足のいかないものであった場合だけでなく、うまくいったショット、うまくいったホールでも使いたいスキルなのです

あなた　うまくいったショット、うまくいったホールなら、そのままのいい感じでいけばいいじゃないですか？　未完了のままスタートしたほうがいいん

佐久間　じゃないですか？前のショット、前のホールがうまくいったことと、次のショット、次のホールがうまくいくこととはまったく無関係です。うまくいくとその結果にとらわれ、「次もうまくやってやろう」という感情や欲が出るものです。すると、交感神経が優位になってアドレナリンが大量に放出され、ぎこちないショットになりがちだからです

「次もうまくやってやろう」と力み、アドレナリンが大量に放出されたショットにナイスショットはありません。先のホールのナイスプレーを帳消しにしてしまうようなダメショット、ミスショットが出やすくなるものです。

うまくいかなかったショット、ホールでは、絶対に「承認・完了の儀式」を欠かさないことです。うまくいったショット、ホールでも、「承認・完了の儀式」を行うと感情がリセットされて冷静になります。そうした状態になってこそ、次もナイスショットが生まれ、ナイススコアになるものなのです。

池ポチャやOBは、「1ペナでラッキー」ととらえる

今、「承認・完了の儀式」を紹介しました。これは、これから起きる悪いイメージを断ち切る方法でした。

次は「リフレーミング」というスキルです。こちらは「フレーム（枠組み）を変える」という意味で、起きてしまった否定的な体験を自分にとって起きて良かったことに置き換えるものです。この２つを組み合わせると、結果に左右されず、肯定的なイメージで新たなショットに臨める効果が大きくなります。

ゴルファーにとって、ＯＢや池ポチャは歓迎できません。普段は曲がるボールが真っ直ぐ出たためにＯＢになったり、会心のショットをしたために池ポチャといった皮肉なことも起こります。

ＯＢは１ペナで打ち直し、ボールが深い池に入ってプレー不可能な場合も１ペナで再プレーです。ボールが池の浅いところに見えているようなとき、無理してプレーするゴルファーもいます。しかし、結局、１ペナを払って再プレーしたほうが良かったというケースも少なくありません。

池ポチャやOBで1ペナになったとき、あなたはどう思うでしょうか？　おそらく、「1ペナか、1ペナは痛い」と思われることでしょう。

あなた　OBかあ、1ペナは参るよな

佐久間　いやあ、1ペナでラッキーですね。OBや池ポチャが1ペナですむのは、ラッキーなのですよ

あなた　なんで、ペナルティがラッキーなのですか？

佐久間　仮に、コースにOBがないとしましょう。そんなコースで、あなたのボールが深いブッシュや谷に飛んでしまったとします。ゴルフの基本は1つのボールで回り切らないといけないわけですから、あなたはボールを必死に探しますよね。ボールを探している間に時間はどんどん経過し、あたりが暗くなってきます。いつになったらあなたはゴルフを終え、帰宅できるでしょうか？

あなた　帰れないかもしれませんね

佐久間　そう。だから、たった1ペナでプレーが続行できるのはラッキーなんです

これだけで池ポチャやＯＢが１ペナで終わることがどれほどラッキーなことか、おわかりいただけたはずです。それでもまだ「１ペナは痛い」といっているあなたのために、もう１つ例を挙げましょう。

佐久間　暗くなる前に、深いブッシュにつかまっているボールをようやく発見したとしましょう。ブッシュ脱出を試みますが、何回打ってもボールは出ないかもしれません。１つのボールで回らないといけないのですから、そのとき、あなたはどうしますか？

あなた　仕方がないから、出るまで打つしかありませんね

佐久間　50回打とうが、１００回打とうが、あなたとボールはブッシュの中を右往左往するばかりです。だったら、１ペナもらって次のプレーができるのはラッキーじゃないですか？

ゴルフ本来のスポーツ性からすれば、１つのボールで18ホールを回り切れないとき、あなたは失格を宣言されても仕方がないのです。

しかし、ＯＢゾーンに入ってしまった、あるいは深い池に入って打ち出すことができな

いとき、1ペナを課して再プレーできるのです。1ペナは罰則ではありません。実は、プレーを続行する救済措置なのです。

あなた　ペナルティは救済措置という話はわかりましたが、では、どう考えれば肯定ゴルフにシフトできるのですか？　そこを教えてください

佐久間　1ペナになったときは、こうリフレーミングすれば、肯定ゴルフにシフトできるはずです。「この救済措置がなければ失格だった。そこを、わずか1打プラスすることで打ち直しできる。これはラッキーなことだ」とね

ＮＬＰの基本的な考えに、「リフレーミング」というスキルがあります。現実に起きてしまった悪いこと、悪いと思われるようなことに、まったく違った観点から光を当て、そこに肯定的な意味を発見してやるというものです。

池ポチャやＯＢした場合、1ペナを「救済措置がなければ失格だった。ラッキーだ」と肯定的にリフレーミングしましょう。そうするだけで1ペナという結果が手放せ、肯定的なイメージと気持ちで次のショットに向かうことができます。

スタート早々のミスは、「たまたま早く出ただけ」と切り替える

ゴルフではいろいろなことが起きます。

木に当たったボールのキックが悪く、ＯＢになってしまった……。

フェアウェーのど真ん中に打ったボールがディポット跡にはまった……。

ナイスショットのボールがスピンで逆戻りしてバンカーにつかまった……。

林に打ち込んだボールが木の根っこの間にあった……。

パットのライン上にスパイク傷があった……。

得てして、アンラッキーと表現したくなるようなことは重なるものです。

良いことであれ悪いことであれ、すべてプレーするあなたが自分で起こしたことです。ナイスショットやナイスリカバリー、バーディだけが自分のやったことで、ＯＢや池ポチャ、ダボやトリプルは自分に責任はないということはありません。そうした歓迎したくないことの処理も、あなたが引き受けなければなりません。

ＯＢや池ポチャの１ペナのリフレームについては、前の項目で触れました。もしスタートの1番でアンラッキーに出会って大叩きしたとしたら、あなたはきっとこう思われるでしょう。

あなた　ひどいスタートになってしまった。これではゴルフにならないよ

佐久間　いえ、そう思う必要はありません。「1番で大叩きか。もう今日のゴルフはダメだ、あきらめた」というのは、あきらめがよすぎます。ここでリフレーミングです

あなた　どんなリフレーミングなんですか?

佐久間　こうした場合、「自分のミスが全部出た」とリフレーミングして切り替えましょう。このリフレーミングによって、次のホールがぐんと楽になるはずです

しかし、次の2番ホールでもトラブルショットに見舞われます。こうした場合、あなたは「今日はツイてない。三隣亡か天中殺だ」などと口走っていませんか? そういうときこそ、次のようなリフレーミングが有効です。

あなた　今日はツイてない。アンラッキーばかりだ

佐久間　でもね、「今日」と「ツイてない」ことに、関連性がありますか？　あなたが持っているカレンダーの今日の欄に、「ツカない日」とは書いてないでしょう。今日がツイてないのではなく、たまたまツイてないことが連続して起きているに過ぎないのです

あなた　そりゃ、カレンダーにそんなことは書いてないですよ

佐久間　では、リフレーミングを使って精神状態を肯定的にしましょう。「いやぁ、このホールには今日1日のアンラッキーが全部起きた」とか、「1年分のアンラッキーが全部出たから、もう起きない」とリフレーミングするのです

私は、どんな状況でも、その状況に応じたボールを打つ自信はあります。ただし、魔術師ではありませんから、つねにボールを100％コントロールすることはできません。

コースコンディションや私の体調から、難しいショットに遭遇したり、困った状況が連続したりするホールもあります。そうした場合、私は、「このホールには今日1日のアンラッキーが全部出たから、後はもう起きない」とか「1年分のアンラッキーが全部きた」というリフレーミングを使っています。

アンラッキーが続いたら、「醍醐味を味わうチャンス」と楽しんでしまう

何とかトラブルショットをしのぎ、あなたはダブルボギーでそのホールを切り抜けました。そこでやっていただきたいことが、先に説明した「承認・完了の儀式」とリフレーミングです。このことでダブルボギーという結果を引きずらず、次のホールではリフレッシュしてティーアップするのです。

次のホールは、儀式とリフレーミングの成果で、ボールは真っ直ぐフェアウエーをキープ。アプローチもうまくいって、パーです。次のホールもナイスショットでしたが、ボールのところに行ってみると、ディポット跡にすっぽり入っています。

あなた　佐久間さんのいう通りにリフレーミングしていい感じでいきはじめたのに、ディポット跡ですよ。やっぱり今日はツイてない

佐久間　それはやめましょう。「承認・完了の儀式」とリフレーミングで、今はナイスショットだったじゃないですか。ディポット跡にはまったのは、今日

がツイてないからではありません

あなた　でも、これだけアンラッキーが続くと、腐りますよ

佐久間　いえいえ、腐ることはありません。こんなアンラッキーはチャンスです。絶好のチャンスといっていいかもしれませんよ

あなた　人のことだと思って、そんなことを……

佐久間　アンラッキーによって生じるプレーは、普段、練習場で体験しようとしてもできないプレーです。ディポット跡からのショットやバンカー、林の中とかの急な斜面でのプレーなどは、コースに出たからこそ体験できるゴルフの醍醐味といえるのです。ここは、「ワクワクするな。ゴルフの神様が楽しむチャンスをプレゼントしてくれた」とリフレーミングしましょう。こうリフレーミングすれば、与えられたチャンスに感謝できるでしょう

たとえば、あなたは、バンカーショットをあえて練習しようとするでしょうか？　市街地には、バンカーを備えている練習場はそんなに多くありません。

もし、コースでバンカーショットを余儀なくされても、それはバンカーショットを楽しむ最高のケースです。目玉になっていたとしても、同じ砂質、同じ状況での同じバンカー

ショットなどまずありえません。

フェアウェーのディポット跡にしても、パットのライン上のスパイク跡にしても、同じです。そんな状態からのプレーは練習場ではできませんし、したくても簡単に経験できるようなものではありません。

あなたは、なぜゴルフに夢中になるのでしょうか？　難しいことに挑戦し、それを克服したときの喜びが大きいからこそ、こんなにゴルフに夢中になれるのです。

アンラッキーはいろいろありますが、起きてしまったことを悔やんでも始まりません。腐ってしまってはスコアが悪くなるだけですし、ゴルフの楽しみも減ってしまいます。

こうした場合は、アンラッキーという結果は結果とし、「アンラッキーは絶好のチャンス」とアンラッキーを楽しんでしまうことです。また、不思議なことに、アンラッキーを楽しめるようになると、アンラッキーはどこかに消えるものです。

結果を肯定的に置き換えると、良い結果が出る。これもゴルフの難しさの1つであると同時に、ゴルフの楽しみの1つなのです。

雨や風のゴルフになったら、「新しい体験ができる」と考える

まだハーフが終わらないうちに、雲行きが怪しくなってきました。スタート時にはまだ何とか天気は持っていましたが、6ホール目からポツポツ雨が降ってきました。

「雨になったか、嫌だな」

普通はこんなことを思います。

当然でしょう。誰でもゴルフは好天のもとで楽しみたいものですし、雨が苦手なゴルファーは少なくありません。なぜ雨が嫌いかというと、スコアメイクが難しくなるからです。結果にこだわると、「ああ、嫌だな」と思っただけでゴルフが否定的になり、良いスコアはより期待薄になります。

あなた　雨ですね。せっかく仕事を休んで来たゴルフな……

佐久間　今いいかけた「仕事を休んで来たゴルフな……」の後は、何をいおうとしたのですか？

あなた　佐久間さん、こういうときも「〜のに」はタブーなんですか?

佐久間　はい。ゴルフでは、どんなときでも「〜のに」はタブーです

あなた　私はですね、「仕事を休んで来たゴルフなのだ」といおうとしたのです

佐久間　それでいいんです。「ゴルフなのだ」でいいんですよ。仕事を休んでゴルフに来たことと、雨とは関係があるでしょうか? 今日、あなたがこのゴルフ場に来なくても、あるいは仕事の一環でこのあたりに来たとしても、ここでは雨が降ります

あなたは雨が苦手だとします。ここは次のようにリフレーミングすれば、雨のゴルフも肯定的になります。結果が手放せ、楽しいゴルフになります。

佐久間　雨の日には、雨の日にしか体験できないゴルフがあります。雨になったら、「雨の日にしか楽しめないゴルフが楽しめるぞ」とリフレーミングしていきましょう

あなた　でも、佐久間さん。雨になるとボールの飛びが悪くなって、いつもならアイアンで届くホールが、ウッドでも届かなくなったりします。それが楽し

みなんですか？

佐久間 それこそ、雨の日のゴルフの楽しみなんです。あるレベルまで行っていると、晴れた日には、そのレベルのことしか起きません。しかし、雨の日などは、普段日常的に起きないことがたくさん起こります。それって、晴天のゴルフでは味わえない新しい体験でしょう。良いスコアを出す以上の楽しみじゃありませんか

雨の日には、ボールの飛びが悪くなるだけではありません。パットでも、芝が濡れた分だけいつもの感覚ではショートします。そこで、晴れた日とは違う力加減を覚えたり、パッティングを体験できます。これらは、晴天のゴルフでは味わえません。これもゴルフの醍醐味のひとつです。

雨以外に、風という大敵もあります。風の影響で、思ったような攻め方ができなくなると、ゴルフは急に難しくなります。

あなた ひどい風ですね。「～のだ」でいくと、ここは「ひどい風なのだ」と肯定語を使えばいいんですね？　それに、「風の中でしか楽しめないゴルフが

楽しめるぞ」とリフレーミングするのですよね

佐久間 それでOKです。ひどい風ですけど、リフレーミング次第で、今日のゴルフが大切なゴルフになります。ここは、「こんな風の中でゴルフができるとは、ラッキーな体験だ」とリフレーミングしてプレーすることです。そうリフレーミングすれば、ゴルフの楽しみが増すでしょう

あなた このリフレーミングは、雨や風だけでなく、他でも使えそうですね

佐久間 使えます。たとえば、コース設定が難しくなればなるほど、日頃のゴルフでは体験できない苦しい状況と出会えます。そうした状況に出会ったとき、「ラッキーだ、今日は新しいゴルフが体験できるぞ」とリフレーミングし、その状況をクリアーしようとすることで、あなたの潜在能力が高まります

雨や風といった気象条件だけでなく、難しいコース設定も、普段のゴルフでは体験できない苦しい状況と出会う絶好のチャンスです。

「ピンチだな」と思えるようないろいろな状況になったときこそ、「よし、今日のゴルフを楽しむぞ」とリフレーミングをして、いろいろなことを吸収すべきなのです。その吸収したことが、いつかあなたのゴルフに役立ってくれることを保証します。

午前がひどいスコアなら、「平均の法則」で自分を取り戻す

アマチュアゴルファーとして活躍された中部銀次郎さんの言葉に、「平均の法則」があります。この法則は、「朝どんなスコアが出ても、1日トータルするといつもの実力通りのスコアになる」というものです。

たとえば、あなたはいつも90前後で回っているとします。そのあなたが、アウトを38で終えたとします。

「調子いいぞ。午後もこの調子でいけば70台だ。まあ80台前半は確実……?」

こんな計算をしていると、インは52を叩いてやはり90になります。あるいは80で回る実力の持ち主がアウトで45を打っても、午後は35でトータル80になったりします。これが「平均の法則」です。

なぜそうなるかの詳しい説明はここでは省略しますが、簡単にいえば、9ホールだけでは運や不運が偏っても、18ホールやるとその人の全部が出切って、実力通りのスコアになるということです。

そこで、あなたが午前中のラウンドで大叩きしたとします。クラブハウスに帰ってくると、多分、「ひどいゴルフだった」といったことになります。そこに私がいれば、こうアドバイスします。

あなた　ひどいゴルフだった。これじゃ、午後も思いやられるな
佐久間　それで、午後はどんなゴルフを目指しますか？
あなた　どうせダメだろうから、ノンビリいきますよ
佐久間　いえ、こういうときこそ、「平均の法則」を思い出すんです。「平均の法則が働いて、午後は良くなる」と考えてプレーしていれば、だいたいいつも通りのスコアになるものですよ

午前が悪ければ、午後も悪いとは決まっていません。「午後も多分ダメだな」と思っていれば、たいてい悪くなるものです。午前のスコアが悪いときは、「平均の法則」を思い出し、午後は気持ちも新たにスタートしましょう。

午前が良かったときは、午後はドラマを楽しむつもりで回る

では、逆のケースはどうでしょう。午前中に良いスコアで回れたときです。クラブハウスに帰ってきても、あなたはいい気持ちです。

佐久間　午前中は良いゴルフでしたね。午後もこの調子でいきましょう

あなた　午前は良かったから、「平均の法則」からいくと午後は悪くなるのかな？　大叩きしてしまうかもしれません

佐久間　それは、やり方が違います。そうした場合は、「平均の法則で、午後は悪くなるぞ」と考えるのではなく、午前の結果は手放してしまうことです。そうすれば、午後は午後のゴルフとして楽しく回れるようになります

あなた　午前の結果を手放すって、そんな方法があるのですか？

佐久間　それは、映画やドラマを楽しむように、どんなシナリオが待っているのか、午後を楽しんでしまうのです

もし「インはどうなるのだろう?　大叩きしてしまうかもしれない……」という心配を抱えたまま午後の第一打に入ったとすると、どんな状態でしょうか?

「リラックスしよう……。リラックスしなければ……」

こう思えば思うほど交感神経が優位になり、緊張が高まります。「リラックスしよう」と思ってリラックスできれば、この世に緊張からの失敗などなくなります。

クラブコンペなどで、よく午前中はすばらしいスコアで回ったのに、午後はガタガタに崩れてしまう人がいます。そういう人は、昼食時にこんな話を交わした人が多いものです。

「いやあ、すごいね。あんなゴルフをされたら、私たちは脱帽ですよ」

一緒にラウンドした人から、こんなことをいわれます。自分でも「できすぎかな」と思っているわけですから、これほど耳障りが良く、心地良い言葉はありません。

普段はあまり美味しいとは思えないクラブハウスのカレーライスも、今日は美味しく感じられます。そのとき、隣の席にいる人たちの話し声が耳に飛び込んできます。

「38で回った奴がいるらしいよ」

「誰だ、そのバカは……」

「名前はわからないけど……。今日の優勝はそいつで決まりだな」

その話が耳に入った瞬間、あなたはドキリとします。「38で回ったバカな奴」とは、あなただからです。そのときから、あなたの心臓は高鳴ります。

その結果、午後の第1打はOBか、不甲斐ない惨めなショットになります。何のことはありません。ホールアウトしてみればいつものスコアか、いつもより悪いスコアでラウンドを終えているはずです。他の人が優勝カップを抱えて笑っています。

それもこれも、同伴者の声や隣の席の人たちの話を聞いたときから、交感神経が優位になったためです。もうアドレナリンが体中にあふれています。体が戦闘態勢にシフトし、筋肉に血液が集まって体が硬くなってしまっています。

副交感神経を優位にすればリラックスできますが、副交感神経を優位にするスキルなどありません。

一度アドレナリンが出ると、中和するのに2時間はかかるといわれています。そのアドレナリンのために、午後の成績がガタガタになってしまったのです。

あなた　少しぐらい欲張ってもいいんでしょうか？

佐久間　欲張らないほうが懸命です。仮に、実力85くらいの人が午前を40で回り、「午後も40で……」と欲張ると、交感神経が優位になってプレーに無理が生じます。余計なアドレナリンを出さないために、「午後はいつも通りの42～

43で……』と普通に構えて無理をしなければ、かえって好スコアが期待できるというものです

「どんでん返しの映画やドラマを楽しむように、午後のゴルフを楽しんでおいで」

「午後もできることだけをする。結果（スコア）を手放して」

午前中のスコアが良かったとき、こうすれば、放出されるアドレナリンの量も少なく、ゆっくりと午後のラウンドを楽しむことができるでしょう。それに、そのアドバイスのままにゴルフを楽しめば、まずどんでん返しは起こりません。午前よりも良いスコアでホールアウトすることも可能です。

「できることだけを1打1打やる。スコアは結果としてついてくる」

戦略を立てるための目標は必要です。しかし、打つ瞬間はできることだけをするのです。

究極のリフレーミングで、どんな事態もプラスに見る

この章では、結果を手放すことの意味と重要性をお話しました。そのスキルが「承認・完了の儀式」であり、「リフレーミング」のスキルでした。

この2つの手法を使っても、アンラッキーなことが起きるかもしれません。だんだん精神状態が悪くなり、悪化する精神状態と比例してスコアも悪くなります。

あなた　それにしても、今日は難しい状況が多すぎる。ゴルフの神様は、気前良く楽しみをプレゼントしてくれすぎですよ

佐久間　そうですね。でも「あのとき、こうしていれば……」とか「あのとき、ああなっていなければ……」といくら悔やんでも、時計の針は逆転できませんよ。起きたことは起きたこと、過ぎたことは過ぎたことで、結果は絶対に変えようがないのですから

仮に、アウトが惨憺たるもので、「こんなひどいゴルフは初めて。もうインを回る気がしない」という気になったら、あなたはどうしますか？　インを回るのをやめて、さっさと帰ってしまいますか？　そんな失礼なことはされないと思いますが、そうしたときのために、私は究極のリフレーミングを持っています。

佐久間 あなたに、究極のリフレーミングをお教えましょう

あなた　究極のリフレーミングって何ですか？　ぜひ教えてください

佐久間 あなたは今、自分が幸せだと感じていますか？　それとも、不幸と感じているでしょうか？　このご時世にゴルフができることは、成功の証明です。さらに、「もっとうまくなりたい」と思っておられるわけですから、不幸なはずはありませんよね

あなた　そうですね。ゴルフができているのですから、私は幸せだと思います

佐久間 あなたが自分を幸せと感じているなら、過去に起きたことすべてがあって現在があり、今の幸せがあります。過去に、「失敗した、ああすればよかった」と思うことがあっても、その失敗があって現在の成功があるのです。過去の否定的な体験も、現在から見れば必要だったのです

あなた　確かに、失敗があって成功があった。それは認めます

佐久間　そこで究極のリフレーミングです。それは、「人生に不必要なことは起こらない」というリフレーミングです。人生で起きたことのすべては、どんなことでもあなたにとって必要なことなのです。ゴルフでも、同じです。「今日起きたことは、すべて自分のゴルフにとって必要だったから起きた」とするのです。これなら、どんな結果や状況でも受け入れられるでしょう。それに、「塞翁が馬」という言葉もあるように、今日のゴルフが良かった・悪かったといっても、それが将来のゴルフにどんな影響を与えるかわからないじゃないですか

「人生で起きることはすべて必要なこと」という究極のリフレーミングは、ただのスキルにとどまらない感じがします。私にとってスキル以上のもの、たとえば「真理」のような感覚があります。

ご存じかもしれませんが、世界の発明王トーマス・エジソンに、有名なエピソードがあります。彼は生涯に１０３９もの発明特許を取得していますが、フィラメントの電球も発明の１つです。

　彼が最終的に成功した電球には、日本産の竹でつくったフィラメントが使われました。その竹のフィラメントで成功するまでに、実に６０００を超える素材を試したとされています。そのときの記者会見で、記者とのこんなやり取りがあったといいます。

「エジソンさん、この電球ができるまでにはいろいろの失敗をして大変だったでしょう」

「えっ？　失敗？　いいえ、私は一度も失敗などしていません。Ａという材料でフィラメントをつくったら、これはフィラメントに適さないという大発見をしました。Ｂも適さないという大発見をしました。その延長線上に、この大発見があるのです」

　つまりエジソンにとって、失敗は１つもなかったのです。他人からすれば「失敗」に見えることでも、彼にはすべて大発見、必要な経験だったのです。エジソンが行っていたことは、ここでお話ししているリフレーミングにほかなりません。

　今日、あなたのゴルフがうまくいかなかったことは、エジソン流に表現すれば、「こうすればうまくなれない発見」、あるいは「こうすればうまくいかない発見」をしたのです。

　その発見は、今のあなたとこれからのあなたのゴルフにとって非常に重要であり、必要なことです。あなたは、今日１日のゴルフスコアよりはるかに貴重なものを手に入れることができます。そのことに気づくことが、将来のゴルフを大きく成長させます。上達できる人とそうでない人との違いは、ここにあるといっても過言ではありません。

第5章

プレッシャーと話す!

あなたは、
メンタルが弱いから
緊張するのだと
思っていませんか?

プレッシャーのかかる場面では、「自分の実力を100%発揮する」と決める

ゴルフでは、いろいろな場面でプレッシャーを感じるものです。

それも当然のことなのです。実は、ゴルフの本質は、いかに交感神経を優位にさせてプレッシャーを起こさせるかというところにあるからです。

コースからしてそうです。フェアウエーはだだっ広くて、コースの両端が土手になっていて、どんなボールを打っても全部受けてくれるようなコース設計があるでしょうか? 日本中を探しても、そんなコースはないはずです。

また、スコアもプレッシャーの要因になります。各ホールにはパーが設定されていて、ボギー、ダボ、トリプルがあります。誰でも最低パー、あわよくばバーディで上がりたいと思っていますから、これもプレッシャー要因としては十分です。

その上、何番ホールを終わっていくつ叩いたかの計算もします。これもプレッシャーになります。

さらに、ヤーデージの看板もプレッシャーの原因になります。たとえば「４７５ヤード・パー5」と表示されていれば、イージーホールと思います。しかし、「475ヤード・パー4」と表示されているだけで、プロでもとてつもなく難しいホールになります。

さて、私とあなたのラウンドもいよいよ佳境です。

ここは最終18番、パー4です。ここまでのあなたのゴルフは素晴らしいもので、7オーバーで回ってきています。これまでのあなたのベストスコアは80、ここをパーセーブできれば自己ベストの79です。オナーの私は、フェアウェーをキープしました。

あなた　ナイスショット!

佐久間　そうそう、それでいいんです。サンキュー。あなたもいいじゃないですか。このままいけば良いゴルフになりますね

あなた　そんなにプレッシャーをかけないでくださいよ。私はプレッシャーに弱いんですから……

佐久間　いいところを見せようと思わなければいいんですよ。あなたは、何のためにゴルフをするのですか?　キャディーさんに笑われないためにするのではないはずでしょう。後ろの組にいいカッコを見せるためにやるわけでもないでしょう

あなた ええ、それはわかっていますが、仲間にはいいところを見せたいものでしょう。で、つい「自分も……」と考えて、悪い結果になることが多いんです。何か良い方法がありますか？

佐久間 良い方法を教えましょう。まず「自分の力以上のことをしよう」と思わないことです。「自分の実力を１００％発揮する」と決めるのです。自分に過度の期待をしないということです。自分にできないことを自分に期待しすぎるとストレスがたまり、プレッシャーになります。プレッシャーがかかると、持っている力さえ十分に発揮できなくなってしまいます

プレッシャーは、いろいろな場面で襲ってきます。コンペで優勝争いの一角に加われるようなゴルファーでなくても、それぞれのレベル、それぞれのホールでプレッシャーを感じるかもしれません。

「朝一番のティーショットは緊張して困る。うまく打てるか不安だ」

こんな感想を漏らすゴルファーは少なくありません。先に打ち終えた人がナイスショットだったときなど、「自分も……」とさらにプレッシャーがかかります。結果は、無残なショットでしょう。交感神経が過度に優位になってしまったためです。

また、自分の昔のゴルフを知っている人と久しぶりに回るようなとき、「うまくなった自分」を見せたいと思います。「よし、いいところを見せるぞ」と、朝一番のティーショットに臨みます。人間心理からしてこれは当然の心の動きですが、プレッシャーとなってやはり交感神経優位の状況をつくってしまいます。

さらに、何ホールか回った後、その人からこういわれたとします。

「昔とあまり変わらないね。それほどうまくなってないんじゃない」

この言葉は、大きなプレッシャーになってあなたを襲います。

普段なら軽く寄るようなアプローチでも、「こんなところでミスしたら、また前よりヘタになったといわれる」とかいろいろなことを考えてダフったり、トップしたりしてしまうことになります。

どんな状況でも、「自分の力以上のことをしよう」と思わないことです。あなたがやるべきことは、「自分の実力を100%発揮する」ということです。

あなた　でも、ですね。打ったら林に入るかもしれない。OBに打ち込んでしまうかもしれない。そう思うとドキドキしてしまいます

佐久間　それも大丈夫です。考えてもみてください。結果が予測できないからゴル

フは楽しいのです。打つ前から結果がわかってしまったら、ゴルフなんかつまらないでしょう。ドキドキを楽しむ……。この気持ちになることが、ゴルフの醍醐味につながるのです

あなた　もしですよ、もし、谷に打ち込んで3発も4発も打たないと谷を越えられないようなとき、有効な方法はあるのですか?

佐久間　そういうときは、こう考えてください。「このショットは、自分のためにゴルフの神様が与えてくれたショットだ。次はもっとうまい自分になって帰ってこられる」と

このようにすれば、プレッシャーはかなり軽減されます。気持ちはぐんと楽になり、気持ちのいいショットが出るはずです。

「アソシエート」から「デソシエート」へ切り替える

自分の実力を100%発揮する――。

これで、あなたのドライバーも見事にフェアウェーキープです。第2打は、グリーンまで160ヤードほど残した地点です。

あなたを見ていた私は、もう1つのプレッシャー対策を教えることにしました。それは、アソシエートとデソシエートです。

佐久間　アソシエートとデソシエートって知っていますか?　プレッシャー対策にこれも有効なんですよ

あなた　それは何ですか?　プレッシャー対策に有効なら、ぜひ教えてください

佐久間　アソシエートとデソシエートというのもNLPのスキルで、NLPゴルフにはこの考え方を取り入れています。アソシエートとは「主観的に、自分の目から物事を見ること」、つまり「感情を伴う状態」です。デソシエー

トは「自分自身を客観的に見ること」、こちらは「感情を伴わない状態」になります

ここで、あなたが楽しく過ごせたときの思い出を思い浮かべてください。そのときの視覚、聴覚、触運動覚をできるだけ具体的に、ありありと想像してください。

具体的に想像するほど、深い実感が味わえるはずです。深い実感でそうした楽しい体験を思い浮かべると、気分が良くなってくるはずです。

次に、問題を抱えて恐怖を感じたり、不安になった状態を深く実感できるように思い浮かべてください。このときは、恐怖や不安が頭を持ち上げてくることでしょう。

ＮＬＰでは、この実感が深まった状態を「アソシエート（連合）」といいます。前者は良い体験にアソシエートした結果、後者は問題にアソシエートした結果です。

一方のデソシエートは、ＮＬＰでは「分離」を意味します。

人間には、物事を客観的に見る能力があります。自分のやっていることを客観的に見ることが、デソシエートです。

もうおわかりでしょうが、デソシエートは、アソシエートと反対の立場になります。デソシエートできると、自分についての気づきや状況の洞察を得ることが可能になります。

問題にアソシエートしていると、問題にはまり込みます。そこから一歩離れ、違う人間のように客観視する。それがデソシエートになるわけです。

デソシエートできるようになると、問題解決の方法が見えたり、望ましい状態が手に入るようになります。

佐久間　ゴルフでは、アソシエートとデソシエートを車のギアを切り替えるように使うと、スコアがぐんと良くなります

あなた　ギアのように使い分けるんですね？　そのギアの切り替えをもう少し詳しく教えてください

佐久間　パットでも、どんなショットでも、まず「準備」です。準備ではアソシエートして周囲の状況を観察し、情報を収集します。次に「決断」、自分のやることを決めます。決断には「アソシエート→デソシエート」が必要で、徐々にデソシエートしていきます。その後のボールを打つ「実行」では、もう周りのことには気を取られず、デソシエートしてボールに対して機械になり、ボールを打つことに集中するのです

準備・決断・実行とアソシエート・デソシエート

ボールを打つ前に――

準備

情報収集をする(風向き・今のスコア・コースレイアウトなど)
※この段階では感情を持ちながらリスクマネジメントする(OBが怖い・右が危ない・池が嫌だ)

アソシエート

決断

どのように打つかを選択する
※徐々にデソシエートしていく

アソシエート→デソシエート

実行

自分の打つ球に対して機械になって打つ
※打つリズムが一定になる・感情を伴わないのでプレッシャーがない

デソシエート

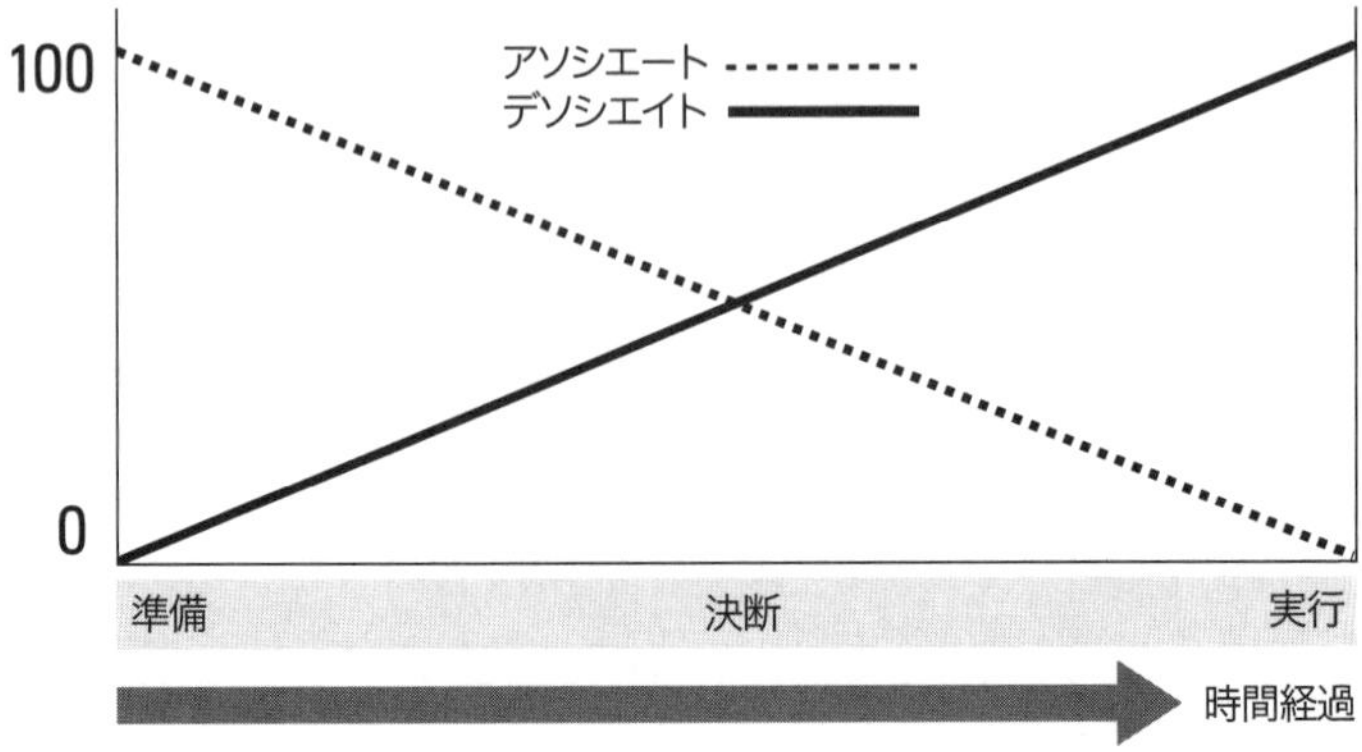

タイガー・ウッズは難しいショットをこなしたり、長いパットをよく沈めます。その理由こそ、「準備・決断・実行」にあります。

タイガーでもあなたでも、難しいショットを迎えようが、パットが入ろうが入るまいが、3パットの危険があろうがなかろうが、やることは「準備・決断・実行」の3つしかないのです。

そして、「準備」のためにはアソシエート、「決断」のためにはアソシエート↓デソシエート、「実行」のためにはデソシエートが必要です。要は、アソシエートとデソシエートを使い分けられるかどうかにかかっているのです。

「A人間」か「D人間」かを知れば、ギアの切り替えがうまくいく

今、アソシエートとデソシエートの話をしました。

よく、パットした後、「切れるな！　入れっ！」とか「曲がれっ！」とか叫んでいるゴルファーがいます。体をひねり、ボールをカップにねじ込むようなパフォーマンスをするゴルファーも見かけます。

また、右にOBがあるようなホールで、プッシュして右に曲がってしまったボールに向かって、「戻れっ！」とか「曲がるなっ！」とか大声で叫ぶ人もいます。

どちらのケースも、完全に無駄にアソシエートした状態です。

「3番ホールの3メートルのスライスラインで、もうホント、やっとの思いで入れたよ」

クラブハウスで、こんなことをいっている人もいます。

こういう人はパットで叫んだり、パフォーマンスを見せた「A人間」と決まっています。声やパフォーマンスといった自分の力のおかげでカップインさせたように思っているため、「やっとの思いで入れた」という表現になるのです。

ゴルフでは、とくにパットでは、自分の力が及びそうな感覚があります。これはまったくの錯覚に過ぎませんが、そこにプレッシャーが生まれる要因を見ることもできます。

パットでボールを打ち出した瞬間から後に起こることは、ボールがカップに吸い込まれるか、カップに蹴られるか、オーバーするか、ショートするかしかありません。いくら大声を上げたり、派手なアクションを繰り出してアソシエートしても、その結果を変えることはできないのです。

佐久間　人間は、「A人間（アソシエートタイプ）」か「D人間（デソシエートタイプ）」に分類できます。自分がどちらのタイプかを知っておくと、プレッシャーに有利に対処できます。自分の性向を知っておけば、言葉を使って感情をコントロールしやすくなるからです

あなた　自分が「A人間」か「D人間」かを知る方法はあるんですか？　あればおもしろいですよね

佐久間　それがあるんです。お教えしましょう。まず、友人とカラオケに行ったと仮定して、その場面を絵にします。自分がマイクを握り、一緒にカラオケに行った友人が客席にいる絵を描いた人は「A人間」です。客席からスポッ

トライトを浴びながら歌っている自分を描いた人は「D人間」です

あなた　確かに、主観的人間と客観的人間の特徴がよくわかります。感情のあり方も理解できますね

もちろん、「Ａ人間」と「Ｄ人間」に分類できるといっても、「１００％Ａ人間」とか「１００％Ｂ人間」などは存在しません。傾向として、どちらかが強いということです。

佐久間　人間は、アソシエートとデソシエートの2つの特徴が複雑に絡み合っていますから、プレッシャー対策として、プレー中はこの2つをうまく使い分けることが必要なんです

あなた　つまり、自分がどちらのタイプかを知っていれば、車のギアを切り替えるように、アソシエートとデソシエートをうまく使い分けられるようになるわけですね

佐久間　そうです。自分が「A人間」とわかったら、デソシエートに時間をかけます。「D人間」とわかったら、アソシエートに注意するわけです

A人間とD人間

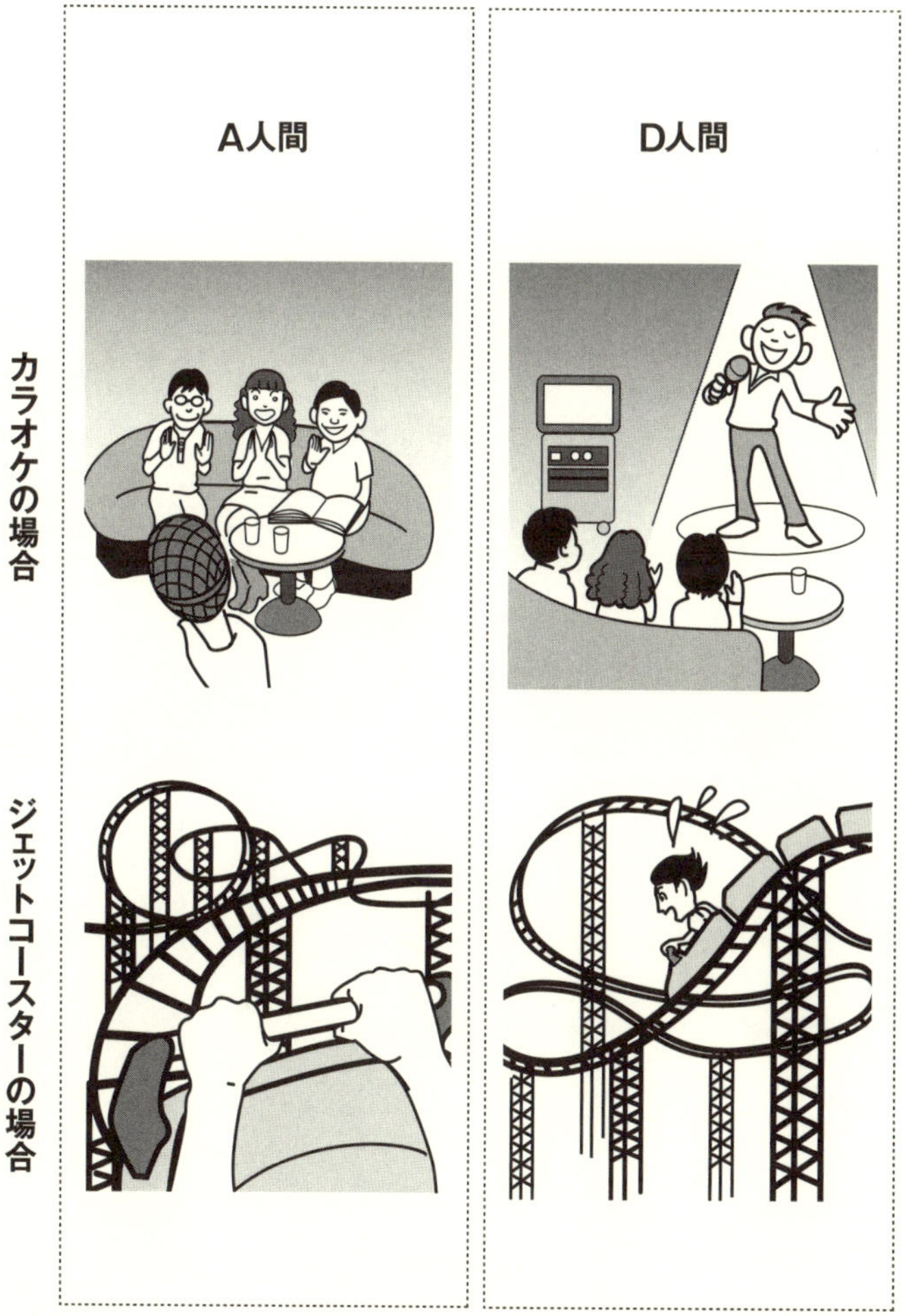
A人間
D人間
カラオケの場合
ジェットコースターの場合

先のカラオケ絵描き診断で、あなたがどちらのタイプかを知ることができます。

もう１つ診断法を挙げると、ジェットコースター絵描き診断もあります。ジェットコースターに乗っていると仮定し、絵を描いてみるのです。

その絵が、ジェットコースターに乗っている自分からの視点であれば、あなたは「Ａ人間」です。絵が、ジェットコースターの席に座って乗っているあなたを客観的に描いていれば、あなたは「Ｄ人間」です。

お断りしておきますが、「Ａ人間」だから悪いとか、「Ｄ人間」だから良いとかという話ではありません。人間の性向として２つの傾向があるということなのです。

ゴルフで上達しようとすれば、またスコアメイクをしようとすれば、余計なプレッシャーを感じないようにしようとすれば、「Ａ人間」はデソシエートに、「Ｄ人間」はアソシエートにちょっと時間を余計に割くようにすれば効果は目に見えて現れます。

大きなプレッシャーは、夢の実現に近づくと起こる

最終18番、あなたの第2打です。あなたはアソシエートして情報を集めて準備し、アソシエート→デソシエートで打ち出す方向や距離を考え、クラブを選びました。そして、デソシエートして機械のようになっての第2打……。

これも素晴らしいショットで、2打はグリーンをとらえました。ピンそば6メートルのナイスオンです。17番までのあなたのスコアは7オーバーで、これまでのベストは80。ここをパーで上がれば、自己ベストの79です。

あなた　「ここは2パットでいくぞ」ですね

佐久間　そうです。パーで上がれば、自己ベストですよね?

あなた　プレッシャーかけないでくださいよ。ああ、プレッシャーが消えないかな、プレッシャーが大きくなってきた

佐久間　実はね、大きなプレッシャーというものは、ほとんど夢を実現しかかって

いるときに起きるんです。良いことを手にしそうになったときに、プレッシャーが襲ってくるんですよ

先に、プレッシャーを感じるいろいろな条件や原因を挙げました。中でも大きなプレッシャーは、自分の夢の実現に手がかかったようなときにやってくるのです。

たとえば、試合に出ている人でも、予選を通れそうな人にしかプレッシャーはかかりません。メンバーが千人以上いるクラブ選手権でも、優勝を狙っている人はせいぜい5～10人でしょう。優勝争いのプレッシャーは、その人たちにしか襲ってきません。

今のあなたのケースは、自己ベストが実現できそうだから、大きなプレッシャーを感じているのです。大きなプレッシャーに襲われるということは、それだけあなたが上達し、夢の実現に近づいた証明なのです。

これもリフレーミングですが、どうでしょう。そう考えるだけで、プレッシャーは軽くなりませんか？

プレッシャーに名前をつけ、そっと見守る存在にする

最終18番。プレッシャーの正体がわかっても、あなたには自己ベストがかかっています。6メートルのパットを残しているあなたには、まだプレッシャーがあるようです。

あなた　プレッシャーの正体は恐怖と不安で、夢を実現しそうになったときに大きな恐怖と不安が出るとはいっても、ここでのプレッシャーはきついですよ。何か良い方法はないのですか?　あったら、教えてください

佐久間　プレッシャーと上手につき合う方法の1つをお教えしましょう。今のあなたはプレッシャーをどう感じていますか?　プレッシャーの感じ方は人それぞれで、まさに千差万別です。その感じのまま、プレッシャー君に名前をつけるのです。あなたのプレッシャー君にも名前をつけましょう

あなた　プレッシャー君ですか?　どんな名前でもいいのですか?

佐久間　何でもかまいません。ドキドキするから「ドッキー」、心臓がバクバクす

るから「バクちゃん」と命名した方がいましたが、自分を襲ってくるものに名前をつけ、具体的に感じて対話をするのです

あなた　私は、心臓がドクドク鼓動するから「ドック」ですね

佐久間　これからパットですが、パット以外でも、ラウンド中に「ドック」が顔を覗かせたら、「ドック」を押し潰そうとしないことです。あなたが最初にすることは、リフレーミングです。「夢の実現に近づいているから、ドックが現れた」とリフレーミングしてください

ドキドキするのは優位になった交感神経からアドレナリンが放出されているためで、歓迎したくないときに限って「ドック」が登場するものです。「夢の実現に近づいているから、ドックが現れた」というリフレーミング以外にも、次のような効果的なリフレーミングがあります。

「ドックが現れるということは、オレの状態は良いのだ」

「ドックは、誰よりも早く危険に気づいてくれる良い奴なのだ」

「ドックは、いつもそばにいて見守ってくれているのだ」

自分が一番フィットするリフレーミングを行った後、あなたはドックと対話します。

ドック　ここを乗り切れば、夢の実現だ。自己ベスト（優勝）だよ
あなた　ドック、わかっている。お前の言いたいことはわかっている。ここでミスすると、元も子もなくすよといいにきてくれたんだね
ドック　ここでミスすると、夢から遠ざかるよ
あなた　よくわかっている。教えに来てくれて、ありがとう。もう少し離れて見ていてね

プレッシャーの出現を嫌うのではなく、その出現を肯定的に歓迎しましょう。プレッシャーと対話し、少し離れたところから見させておくようにすると、そのプレッシャーがスーッと消えていきます。

私など、ドックが顔を出すとワクワクします。何しろ、夢の実現がかかっているプレーだからこそ、ドックが顔を出すのですから。

ＮＬＰでは、こうしたスキルを「パーツモデル」と呼びます。たとえば、母親がいたずらをした子どもを叱るときに、「悪いことをしたのはこの手だね」といって、本人を否定しないことと同じです。

プロやアマ上級者でも、プレッシャーには負けている

「夢の実現に近づいたからプレッシャーが現れた」と考えること。名前をつけたプレッシャーと対話すること。この２つを実行すれば、プレッシャーに対する気持ちが少しは変わってくるでしょう。

それでも、ファーストパットを打つ前、あなたはまだプレッシャーを感じているかもしれません。

あなた プロやアマ上級者はプレッシャーに強いんだろうな。強くなければプロになれないし、シングルのアマにもなれないし……

佐久間 いえ、実はそうでもないんですよ。たとえば、マッチプレーという試合形式がありますよね。予選1位と16位、2位と15位のプロが争うゲームですが、これなどまさに交感神経との戦い、アドレナリンとの戦いです。マッチプレーで、予選1位と16位とどちらが勝つと思いますか？

あなた　それは、1位の選手でしょう?

佐久間　常識的に考えれば、上位の選手が勝つのが順当です。しかし、現実的には下位の選手が勝ってしまうこともあります。選手ですから、技術的にそれほどの差はありません。なぜ下位のプロが勝つか、おわかりですか?

あなた　上位の選手が、「この相手には負けられない」というプレッシャー、大量に放出されたアドレナリンに負けてしまうからでしょうね

大正解です。上級者もプレッシャーに負ける話をもう1つしましょう。プロにはハンデがありません。全員が72でホールアウトする試合があってもよさそうなものですが、いまだかつてそんな試合はありません。

佐久間　プロのトーナメントで、すべての選手がアンダーパーでホールアウトしたゲームを見たことがありますか?

あなた　ありません。どんな試合でもアンダーパーからオーバーパーまでいろいろです

佐久間　そうですよね。全員がプロでも、ホールアウトすると、成績はアンダーパー

スコア分布の不思議

このグラフはあるゴルフ競技会の成績を予選と決勝に分けて表したものです。

予選では調子のいい選手もいれば、悪い選手もいるので、スコアが分散することは不思議ではありませんが、決勝は成績のいい選手を集めて行うのですから、スコアが全体に良くてもいいはずです。しかし決勝でも同じようなスコアで正規分布してしまうのです。どんなゴルフトーナメントを見ていても、だいたいこのようなグラフになってしまいます。

ところが、100m走や水泳の決勝では、予選の平均タイムよりも必ず上回るのです。このことから、ゴルフとはただ単純なパフォーマンスを競う競技ではなく、同伴競技者や自分の心理が関わるゲームだということがわかります。

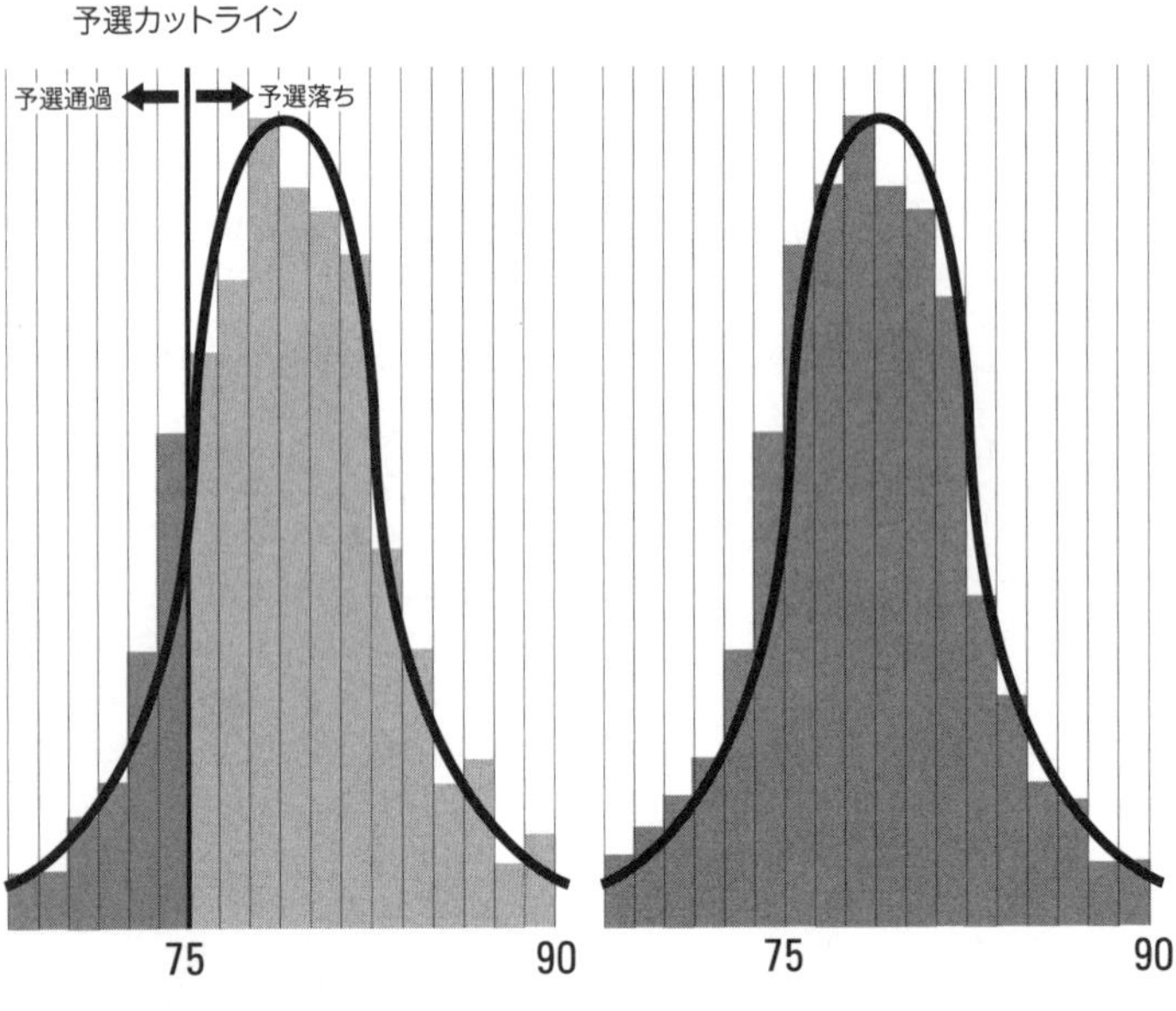

予選のスコア分布グラフ

決勝のスコア分布グラフ
（予選のスコアを含めない）

から80くらいまでに分布しますよね。回るコースは同じですから、72以上のプロはメンタル面で何かトラブルを起こしたと考えることが妥当です。そのメンタル面のトラブルこそ、一緒に回ったプレーヤーのプレーに刺激されたか、自分が犯したミスによって交感神経が優位な状態になり、アドレナリンとの戦いに敗れたことなのです

プロでもそんな具合ですから、アマの上級者も同じです。

関東アマチュアゴルフ選手権を例にとって見てみましょう。関東を8地区に分けて予選を行うと、74～75が予選のカットラインになります。その予選を通過した１６０人ほどが集まって決勝を戦いますが、スコアはアンダーパーから90くらいにまで散らばってしまいます。これもまた交感神経との戦い、アドレナリンとの戦い、プレッシャーとの戦いに敗れ去った証明です。

この話をした理由は、「だからプレッシャーに負けても仕方がない」と、あなたを慰めるためではありません。「本来、ゴルフにはそうした面がある。だから、あなたには『ＮＬＰゴルフ』で楽しくゴルフをしていただきたい」と伝えたかったのです。

パットでシビレるときは、「うまいから起こる」と納得する

いよいよ、あなたのパットです。距離は6メートルほどですから、まず「2パットでいくぞ」と決めたあなたなら、2パットでいけるはずです。

あなた よし、「ここは2パットでいくのだ」と決めた。「ファーストパットはあそこに、セカンドパットでカップインさせるのだ」でいくぞ

佐久間 **いいですね、その感じでいけば2パットでパーですよ**

そこでパットですが、なんとショートしてしまいました。

一挙にプレッシャーをなくすことは難しいものです。ここで紹介したプレッシャー対策は、何回か経験しているうちに自分のものになり、「プレッシャーに強いあなた」ができ上がるのです。残りは1・5メートルと嫌な距離です。

あなた　シビレた！　嫌な距離を残してしまった。これを入れないと自己ベストにならないな。シビレない方法はないもんですかね？

佐久間　技術力の低い人はシビレません。最初から「どうせダメ」とあきらめているから、シビレようがないのです。パットにシビレる理由をお教えしましょう。入るか入らないか、あるいは寄るかどうかの結果にこだわるから、パットにシビレる――。これがシビレの理由です

ゴルフではすべてのショットが重要です。
野球では1打席で2球空振りしても、次にヒットやホームランを打つこともできます。
しかし、ゴルフでは1回のプレーチャンスに1回しか打てません。
とくに、パットは重要で、ショートパットのミスは取り返しがつきません。

佐久間　あなたは今、寄るかどうかが気になって仕方なかったでしょ

あなた　はい、1パットの安全圏に寄れば自己ベストがほぼ決定ですから……。寄るかどうかは気になって当然です

佐久間　そうですね。結果が気になりますよね。長くて難しいパットをよく沈める

タイガー・ウッズだってシビレているんですよ

あなた　そうなんですか？　でもタイガーのパットは、長くて難しくてもよく決まりますよ。パット能力にすぐれているんでしょうね

佐久間　いえ、違います。タイガーのボールであれ、あなたのボールであれ、グリーン上を転がるボールに作用しているものは、打ち出されたときの速度やボールの自重、それに転がり摩擦などです。ボールがカップに吸い込まれるとき、ボールに作用する力は引力だけです

世界のトッププロも、ここぞというパットではみなシビレています。それでも、タイガー・ウッズほど長くて難しいパットをよく沈めるゴルファーはいないでしょう。

これはタイガーがすぐれたパット能力を持っているからではありません。誤解しているゴルファーがよくいますが、パット能力＝カップに入れる力ではないのです。

佐久間　タイガーが素晴らしいパットを見せる秘密は、前に述べた「準備・決断・実行」の能力にすぐれているからです。彼がどのようにすぐれているかわかりますか？

あなた 準備でいえば、芝目やグリーンの傾斜、硬さ、アンジュレーションなどの情報収集の慎重さですかね。決断では、どの方向に、どの強さで打ち出せばいいかの読みの鋭さでしょう。実行では、今の読みを確実に行う能力の高さになりますか？

佐久間 そうです。その3つが彼のパットを支えているのです。ボールを打ち出してからでは、さすがのタイガーでもボールに力は及びません。結果をあれこれ心配しても、それは無用の心配というものなのです。それでもまたシビレているとすれば、「自分はパットがうまい。だからシビレているんだ」とリフレーミングしてください。これでうまくいくでしょう

「自分はパットがうまいから、シビレているんだ」

この言葉は、パットのシビレから脱出する魔法の言葉です。準備し、決断した後はこうリフレーミングし、ただ実行すればよいのです。

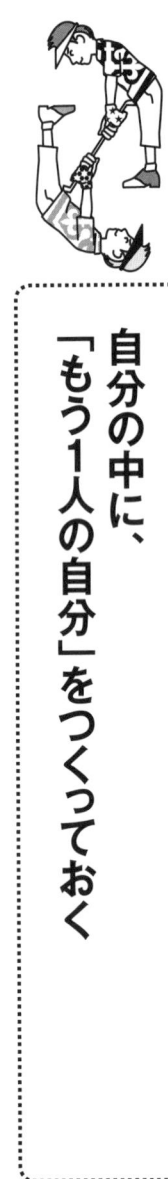

自分の中に、「もう1人の自分」をつくっておく

ここまでの各章では、佐久間という私とあなたとの対話でラウンドしてきました。

おさらいをすると、「否定語を使わず肯定的イメージでゴルフをすること」「承認・完了で悪いイメージを断ち切ること」「リフレーミングで結果を肯定的に置き換えること」「プレッシャーと仲良くなること」など、ゴルフがうまくいく方法をお話してきました。

しかし、実際にあなたがコースに出るとき、いつも私がそばにいるわけではありません。でも、本の中の「佐久間」がしっかりあなたにインプットされていれば、私がそばにいる必要はありません。

といっても、最初はなかなかうまくいかないかもしれません。そこで、あなたは、この本の中の「佐久間」を誰かにやってもらう必要があります。

では、本の中の「佐久間」を誰に任せればよいのでしょうか?

任せる相手はただ1人しかいません。それは、あなた自身です。

そもそもゴルフというのは、自己対話の要素が非常に大きいゲームです。ここまでの章で紹介したような内容を、あなたがあなた自身と自然に対話しながらラウンドできれば、あなたのゴルフは劇的に変化しますし、スコアメイクに苦労することもなくなります。

あなた　自分と対話するためには、「もう1人の自分」が必要でしょう。「もう1人の自分」はどうやってつくればいいのでしょうか?

佐久間　自分を客観視する習慣のある人は、「もう1人の自分」に気づいています。だから、「もう1人の自分」と対話することにも抵抗はないでしょう。「もう1人の自分」に気づいていない人、対話した経験のない人にとって、「もう1人の自分」といってもピンとこないかもしれません

「もう１人の自分」のわかりやすい例を挙げると、夢の中の自分です。夢の中では、自分の姿をよく見ます。その自分が危険な目に遭遇すると、思わず「危ない!」と声をかけていたりします。

多かれ少なかれ、人間というものは、現実でも、自分の中の「もう１人の自分」とどこかで出会っています。ただし、その出会いが明瞭に意識できなかった場合、「もう１人の自分」との出会いを忘れてしまっているかもしれません。

ここで、現実の中で、「もう1人の自分」をつくる方法を紹介しましょう。その方法を「エンプティ・チェアー」といいます。エンプティ・チェアーでつくる「もう1人の自分」は、あなたと等身大で、目線の高さも同じ人間です。同じ高さの目線で励ましてくれたり、はやる気持ちにブレーキをかけたり、有用なアドバイスを送ってくれる人間です。

あなた エンプティ・チェアー？「空っぽのイス」ということですよね

佐久間 そうです。あなたが誰かと会話している状態を想像してください。話が終わって相手がイスを立ってから、あなたは、相手が座っていたイスに座ります。座ったあなたは、さっきまで自分が座っていたイスを眺め、そこに座っていたあなたの発言を思い出します。発言を思い出しながら、そこに自分の顔や姿をかぶせます。どうですか、あなたは「もう1人の自分」をそこに発見できたのではないでしょうか？

この作業は、一朝一夕には難しいかもしれません。日常生活で暇を見つけたら、エンプティ・チェアーで「もう1人の自分」を客観的につくることを実践してください。

日常的にこのエンプティ・チェアーを心がけていると、次第に「もう1人の自分」の感覚がハッキリしたものになります。コースに出たときは、もっと積極的に「もう１人の自分」との対話を行ってください。

あなた　でも、「もう1人の自分」がつくれたかどうか、それはどうやってわかるのですか?

佐久間　こうしたことは頭で理解し、頭でやろうとしても難しいところがあります。積極的に「もう1人の自分」をつくる、あるいは気づく努力を続けていると、「ああ、これだ。この感覚だ」と、あるとき気づきます。その気づきの瞬間こそ、「もう1人の自分」をつくれた瞬間になります

そうなると、シメたものです。「もう１人の自分」との対話で、あなたのメンタルは見事にコントロールされます。その世界こそ、本書で紹介した「ＮＬＰゴルフ」の効果が十分に発揮される世界なのです。

あとがき

本書で紹介した「NLPゴルフ」は、「どんな言葉や感覚要素を使ってプレーをすれば、その人のゴルフのあり方が変わるか」という画期的なものです。

多くのゴルファーは、「〜してはいけない」とか「〜しないとうまくいかない（〜せねばならない）」といった顕在意識で、否定的なゴルフをしています。そのために上達しなかったり、コースで頭を抱えたりしなければならなくなるのです。

あなたの中には、ゴルフが上達するストラクチャーが潜在的に存在しています。「NLPゴルフ」で使う言葉や感覚要素は、そのストラクチャーを無意識のまま表面化させてくれます。

今のことを換言すれば、「理屈でわかったレベル」にとどめず、自然にできるレベル」にするということになるかとも思います。そのためには、使う言葉は、あなたの中から湧いてくるものである必要があります。

第2章では、アイデンティティの話をしました。

ゴルフの本でアイデンティティを問題にする本は少ないと思いますが、その理由がここにあります。あなたのアイデンティティが高いレベルに変われば、使う言葉や感覚要素がより強く、より効果的に潜在意識にインプットされ、高い効果が期待できるのです。

　第2章の冒頭で、あなたのゴルフレベルのチェックを行ってもらいました。ここでもう一度、チェックを行ってみましょう。

　２０６～２０７ページにありますので、答えてみてください。そして、最初にやった答えと、今の答えを比較してみてください。

　本書をきちんと読まれた方であれば、答えには大きな変化があるでしょう。あまり変化がないようであれば、もう一度、最初から読み直してください。

「ＮＬＰゴルフ」の根幹であるＮＬＰの目的は、人生を肯定的にとらえることで、人生をエクセレントなものにすることにあります。

「ＮＬＰゴルフ」の目的も、ただゴルフが上達するだけでなく、ゴルフの上達を通じてエクセレントライフを実現していただくことです。

　ゴルフというゲーム＆スポーツは、そこで起こることから人生のさまざま教訓や考え方、解決の仕方を学ばせてくれます。すばらしい人との出会いを演出してもくれます。

　あなたにとって、本書で紹介した「ＮＬＰゴルフ」のスキルは、ゴルフ以外にもたくさん生かすことができます。あなたのビジネスや人間関係にも貴重なヒントになり、必ずメリットを提供してくれることでしょう。少々欲張りかもしれませんが、私の胸の中にはそうした気持ちがあります。

２度のゴルフレベルのチェックを注意して比較していただくと、あなたのビジネスや人間関係に貴重なメリットをもたらしてくれる多くの変化が浮かび上がってくるはずです。ゴルフに、そしてビジネスに、あなたのその変化は大きな援軍となってくれます。その援軍を生かし、ゴルフも人生もより豊かで、よりエクセレントなものにしていただければこの上ない私の喜びです。

最後に、本書の刊行にあたり、私のＮＬＰの先生であり、株式会社ウィキャンラボドットコム代表、ＮＬＰトレーナーの杉山清先生には、大変お世話になりました。また、こうして出版の機会を与えてくださった現代書林の坂本桂一氏、丁寧な構成・編集をしていただいた小野田三実氏、西山恵司氏に、この場を借りて心より御礼申し上げます。

著者プロフィール

佐久間 馨（さくま かおる）

ゴルフ科学研究所 主宰
NLPコミュニケーター

1955年生まれ。学生時代に専攻した宇宙工学の知識を生かし、ゴルフスウィングのメカニズムを科学的視点から研究し、合理的なスウィング理論、上達法を編み出す。さらに、近年コミュニケーション・スキルとして注目されるNLP（神経言語プログラミング）を習得し、ゴルフと結びつけることで、プレー中に最高の精神状態を生み出す自己対話法「NLPゴルフ」を構築する。またゴルフだけでなく、他のプロスポーツ選手のメンタルコーチを務めるとともに、質の高いコミュニケーション・スキルをテーマに講演活動を行うなど、幅広く活躍している。

著書に『練習ぎらいはゴルフがうまい!』（ゴルフダイジェスト社）がある。

JGAハンディキャップ プラス3.1（2007年9月現在）。

ゴルフ科学研究所サイト
http://www.golfkagaku.co.jp/

ゴルフチェック（NLPゴルフ後）

❶どんなステージで、どのような人とゴルフをしたいですか？

（　　　　）

❷日常、何をすればできそうですか？

（　　　　）

❸その行動を取るために、どのような能力を身につければよいですか？

（　　　　）

❹以下の「○○とは？」の質問に、「○○だ」という形でお答えください。

・あなたにとって、ゴルフとは？（　　　　）
・あなたにとって、いいスコアとは？（　　　　）
・あなたにとって、練習とは？（　　　　）
・あなたにとって、満足とは？（　　　　）
・あなたにとって、成長とは？（　　　　）
・あなたにとって、人生とは？（　　　　）
・あなたにとって、不幸なこととは？（　　　　）
・あなたにとって、幸せとは？（　　　　）
・あなたにとって、成功とは？（　　　　）
・あなたにとって、困難とは？（　　　　）
・あなたにとって、夢とは？（　　　　）

❺あなたはどんなゴルファーになりますか？（「私は○○だ」で答えてください）

（　　　　）

ゴルフは突然《とつぜん》うまくなる

2007年10月26日　初版第１刷
2008年８月25日　　　第４刷

著　者――――――――佐《さ》久《く》間《ま》 馨《かおる》
発行者――――――――坂本桂一
発行所――――――――現代書林
〒162-8515　東京都新宿区弁天町114-4
TEL／代表　03(3205)8384
振替00140-7-42905
http://www.gendaishorin.co.jp/
デザイン――――――吉﨑広明
イラスト――――――小林たけひろ

印刷・製本 東京書籍印刷㈱
乱丁・落丁本はお取り替えいたします。

定価はカバーに
表示してあります。

ISBN978-4-7745-1029-3　C0075